仕事の「どうしよう？」が片づく！

JN042738

問題解決

無敵のフレームワーク **70**

西村克己＝監修

フレーム
ダウンロード
サービス付き

難題を「クール」にこなす
ケース・スタディ

Ⓘ 池田書店

仕事の「どうしよう？」が片づく！

問題解決

無敵のフレームワーク70

西村克己＝監修

フレーム
ダウンロード
サービス付き

池田書店

はじめに

　あなたの頭の中は、情報（記憶）が単純明快に整理整頓されていますか？
それとも情報がスパゲッティのように複雑に絡み合っていますか？

　頭の中が整理整頓されている人は、考え方に一貫性があり、自分の意見を
短時間でまとめることができます。また、多面的な観点から考えることで、
思考の漏れを防ぎ、適切に問題を解決することができます。そして、さまざ
まな提案に対して、説得力のある話し方ができます。

　一方、頭の中の情報が複雑に絡み合っている人は、思いつきの、断片的な
考え方に偏りがちです。思考の漏れが多くなり、何かを考えるときに頭が混
乱したり、説得力がない説明をしたりします。そして、一見魅力的な提案が
できたように見えても、お金がかかりすぎて実現性を無視した提案だったり
します。

> **頭の中の情報が絡み合っている人の特徴**
> ●全体像が見えないので、場当たり的な対応しかできない
> ●視野が偏り、目の前のことに振り回されて重要部分が欠落する

　頭の中が整理整頓されている人は、どうやって情報を整理しているのでしょうか？

　そのような人は、ずばり、「フレームワーク」で情報を整理し、「フレームワーク」で考える習慣を持っています。

　では、フレームワークとは何でしょうか？

　フレームワークとは、目的を達成するために、3〜4つくらいの視点で全体を把握する切り口です。

フレームワーク活用のメリット

●全体の構成要素を簡潔に把握できる

●不特定多数に容易に伝達できる

●構成要素に優先順位を付けられる

　聞き覚えのある言葉でいうと、「陸海空」「心技体」「春夏秋冬」などもフレームワークのひとつです。

　例えば「心技体」という言葉を最初に使ったのは、柔道家の道上伯氏だといわれています。これは、柔道の極意とされた「心（精神を鍛える）」「技（技を磨く）」「体（体を鍛える）」が三位一体になる重要性を説いています。武

道を極めるための指針とされる言葉ですが、現在では武道に限らず、さまざまな場面で使われています。

　何かを考えるときや、直面している問題を解決したいとき、何かを伝えるときに、フレームワークを意識すると思考力や説得力が高まります。
　実際に、とあるファストフードのフランチャイズでは、現場管理を「ＱＳＣ」と定義しています。これは、「Quality（品質）」「Service（サービス）」「Cleanliness（クリンリネス）」を現場で徹底して、維持管理するフレームワークです。このように、現場管理を「ＱＳＣ」と定義し、たった１回社員に説明すれば、短時間で大多数の社員に伝えることができるのです。

　世の中が複雑になるにしたがって、単純明快に全体像を把握し、伝える必要性が高まっています。ただし、決定的な切り口の漏れ（死角）があっては、説得力が低下します。例えば、お金（投資対効果など）の切り口に漏れがあると、いかに優れた提案でも説得力は低下するでしょう。

　決定的な漏れを出さないために、すでにあるフレームワークを参考にすることが、「フレームワーク思考力」を高める近道です。本書は、皆さまの頭の中を単純明快に整理整頓するために役立つ、70のフレームワークを厳選してご紹介しています。

　考える力を高めて今ある問題を解決する、わかりやすく説得力のある話を
するために、フレームワークはとても役立ちます。
　今一度、あなたの頭の中の情報を整理整頓してみませんか？

　令和２年２月吉日　　　　　　　　　　　　　　　　　　　　西村克己

本書の使い方

本書では、思わず「あるある！」と言いたくなるような、ビジネスシーンにおける問題を解決するための70のフレームワークを解説しています。フレームワークは活用できる場面ごとに7章に分けられているので、まずは、ご自身の直面している問題に当てはまる事例を見つけてフレームワークを使ってみましょう。

フレームワークの分類

本書では、1章につき10のフレームワークを紹介しています。その中でもさらに、細分化させ、どのような場面でどのフレームワークが最適なのかを章の導入として掲載しています。

フレームワークがどのような分野の
問題解決に最適かを示しています。

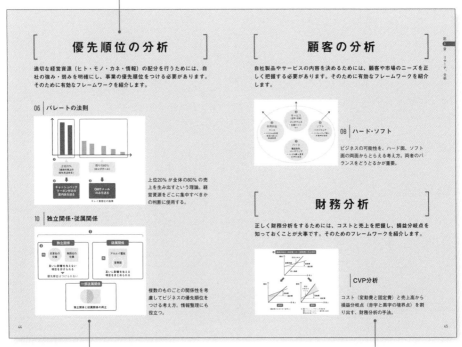

購入者特典でダウンロードできるフレームワークは、PowerPoint 形式です。

各項目で紹介しているフレームワークのポイントが一目でわかります。

フレームワークの解説

ここでは、よくあるビジネスの事例とともに、フレームワークの考え方、使い方を解説しています。見開き完結なので、今、抱えている問題を解決するフレームワークから読んでみてください。

よくあるビジネスシーンの問題をマンガと事例で紹介しています。思わず「あるある!」と言いたくなるシチュエーションが見つかるかも!?

このフレームワークのカギとなる内容をビジュアルで紹介しています。

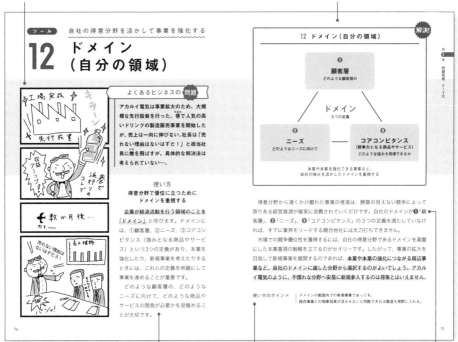

フレームワークの仕組みや、具体的な使い方を解説しています。

フレームワークを使う際のポイントをまとめています。

このページで掲載されている事例の解決方法について、手順にそって解説しています。

はじめに ⋯⋯⋯⋯⋯⋯⋯⋯⋯⋯⋯⋯⋯⋯⋯⋯⋯⋯⋯⋯⋯⋯⋯⋯⋯⋯⋯ 2

本書の使い方 ⋯⋯⋯⋯⋯⋯⋯⋯⋯⋯⋯⋯⋯⋯⋯⋯⋯⋯⋯⋯⋯⋯⋯⋯ 6

Introduction　問題解決とは ⋯⋯⋯⋯⋯ 13

第 1 章　リサーチ、分析

市場や環境の分析⋯⋯⋯⋯⋯⋯ 42　　優先順位の分析⋯⋯⋯⋯⋯⋯⋯ 44

問題点の分析⋯⋯⋯⋯⋯⋯⋯⋯ 43　　顧客の分析／財務分析⋯⋯⋯ 45

ツール　世の中の変化を分析し、経営戦略を立てる
01　PEST分析 ⋯⋯⋯⋯⋯⋯⋯⋯⋯⋯⋯⋯⋯⋯⋯⋯⋯⋯⋯⋯⋯⋯⋯ 46

　　　社内外の現状を分析して戦略を立案する
02　SWOT分析 ⋯⋯⋯⋯⋯⋯⋯⋯⋯⋯⋯⋯⋯⋯⋯⋯⋯⋯⋯⋯⋯⋯ 48

　　　競争の視点で外部環境を分析する
03　５フォース分析 ⋯⋯⋯⋯⋯⋯⋯⋯⋯⋯⋯⋯⋯⋯⋯⋯⋯⋯⋯⋯ 50

　　　参入障壁に注目して新規事業を検討する
04　ポーターの７つの参入障壁 ⋯⋯⋯⋯⋯⋯⋯⋯⋯⋯⋯⋯⋯ 52

　　　現実と理想のギャップを是正して問題解決
05　基準と実際のギャップ ⋯⋯⋯⋯⋯⋯⋯⋯⋯⋯⋯⋯⋯⋯⋯⋯ 54

　　　売上のうちの重要な要素をとらえる
06　パレートの法則 ⋯⋯⋯⋯⋯⋯⋯⋯⋯⋯⋯⋯⋯⋯⋯⋯⋯⋯⋯ 56

　　　仕事の進め方を時系列で考える
07　バランスド・スコア・カード ⋯⋯⋯⋯⋯⋯⋯⋯⋯⋯⋯⋯ 58

　　　商品とサービスの融合でビジネスの可能性を拡大
08　ハード・ソフト ⋯⋯⋯⋯⋯⋯⋯⋯⋯⋯⋯⋯⋯⋯⋯⋯⋯⋯⋯ 60

　　　黒字化させるための方策を検討する
09　CVP分析 ⋯⋯⋯⋯⋯⋯⋯⋯⋯⋯⋯⋯⋯⋯⋯⋯⋯⋯⋯⋯⋯⋯ 62

　　　ものごとの関係性を区別して意思決定する
10　独立関係・従属関係 ⋯⋯⋯⋯⋯⋯⋯⋯⋯⋯⋯⋯⋯⋯⋯⋯⋯ 64

第 2 章　問題発掘、テーマ化

問題点の整理 ……………………… 68　　マーケティング ……………………… 70

ドメインや製品の見直し …………… 69　　優先順位の決定 …………………… 71

ツール　問題点を整理して業務を効率化する
11　ダラリの法則 72

自社の得意分野を活かして事業を強化する
12　ドメイン（自分の領域） 74

事業を新陳代謝して業績を伸ばす
13　撤退⇔新規サイクル 76

製品の価値を把握して商品戦略を改善する
14　製品ライフサイクル 78

事実に基づいて適切に最終判断する
15　三現主義 80

顧客視点を意識して販売戦略を立て直す
16　マーケティングの4C 82

社内外を意識して戦略の見落としを防止
17　3C・4C分析 84

的外れな努力を避けて高い成果を得る
18　ペイオフマトリックス 86

優先順位を決めてゆとりと成果を両立する
19　重要性×緊急性 88

ビジネスパートナーとベストな関係を構築する
20　Win・Loseモデル 90

第 3 章　アイデアを出す

アイデア出し ……………………… 94　　業務革新の戦略 …………………… 96

業務の改善 ………………………… 95　　結論を導き出す …………………… 97

ツール　効率のよいアイデア出しで最適な案を導く
21　発散→収束の思考 98

左脳と右脳をフル稼働して問題解決力を高める
22　左脳モード⇔右脳モード 100

業務自体を「なくす」ことから改善を考える
23　E・C・R・S 102

徹底した原因究明で問題を根本的に解決
24　Why分析 104

25 正反対の視点から問題を解決する
リバースシンキング ————————————————— 106

26 3方向の案から最適な解決策を選択する
オプションアプローチ ————————————————— 108

27 効果的な戦略で事業拡大に成功する
PMマトリックス ——————————————————— 110

28 外部環境を把握してビジネスチャンスを逃さない
イノベーションの7つの機会 ————————————— 112

29 複数のデータから結論を導き出す
帰納法 ————————————————————————— 114

30 大前提をもとに解決策へたどり着く
演繹法 ————————————————————————— 116

第 **4** 章　方針を決定する

仕事の効率化 ———————— 120　　市場の開拓／顧客ニーズの検証 —— 122

事業の見直し ———————— 121　　シェアと戦略 ———————— 123

ツール 仕事の優先順位をつけて業務効率を上げる
31 MUST/WANT ————————————————————— 124

32 事業の撤退か立て直しかを決断して経営を改善する
スクラップ＆ビルド —————————————————— 126

33 経営資源を効果的に活用して競争優位を築く
戦略の3S ————————————————————————— 128

34 基本戦略を選択し、競争で優位に立つ
ポーターの3つの基本戦略 —————————————— 130

35 競争のない市場で競合他社をリードする
ブルー・オーシャン ————————————————— 132

36 4つのアクションが新しい発想を生む
アクションマトリックス ——————————————— 134

37 自社の商品が顧客のニーズに対応しているか検証する
カスタマーイン ——————————————————— 136

38 シェアに見合った戦略を立てる
ランチェスター戦略 ————————————————— 138

39 シェアナンバーワンになる分野を決め、達成する
ナンバーワン戦略 —————————————————— 140

40 大手と競合しない小さな分野でトップを目指す
孫子の小兵力戦法 —————————————————— 142

第 5 章 計画の立案と承認

仕事を効率的に進める……146　コストの見直し……148
論理的に伝える／マーケティングプロセス……147　シェアの達成／未来のイメージ……149

ツール プロセスを踏んで、着実に仕事を進める
41 企画・計画・実施……150

必要な情報を論理的に過不足なく伝える
42 5W2H……152

課題の解決に導く4つのサイクルを回す
43 PDCAサイクル……154

商品開発のマーケティングを極める
44 R-STP-MM……156

企業活動を5つの工程に分けて分析する
45 ポーターのバリューチェーン分析……158

限られた経営資源を効果的に配分する
46 グー・パー・チョキ理論……160

確かな現状把握で、目標を達成していく
47 シェア（26％・40％・70％）の法則……162

機能とコストのバランスで商品価値を高める
48 価値工学（VE）……164

過去と現在を比較して、未来を明確にする
49 Before/After……166

午前・午後・定時後に分けて時間管理！
50 1日3分割法……168

第 6 章 計画推進

組織の見直し……172　経営資源の管理……174
仕事の段取り……173　売れるアプローチ／比較分析……175

ツール 状況に応じた組織形態で事業を進める
51 フォーマル・インフォーマル……176

報告・連絡・相談で円滑なコミュニケーションをとる
52 ホウレンソウ……178

企業の危機には必ず原因がある
53 組織敗北の6つの状態……180

上位20％の動かし方で勝者が決まる！
54 みこし担ぎの法則……182

55 捨てる仕事を見極めて効率を上げる
仕事の足し算・引き算 ……184

56 4つの宝の相乗効果で競争力を上げる
ヒト・モノ・カネ・情報 ……186

57 売れる仕組みを考える
マーケティングの4P ……188

58 顧客が購買するまでの段階を設定する
AIDMAモデル ……190

59 「ウマい・安い・早い」のバランスが大事
QCD(Quality・Cost・Delivery) ……192

60 いい状態と悪い状態の違いの原因を突き止める
is/is not分析 ……194

第7章 問題の検証・報告・終結

ストーリーを作る ……198
説得力のある説明 ……199
視点を変えて見直す ……200
伝える力を高める／組織改革を促す ……201

ツール 3つのプロセスでプレゼンを成功させる
61 **プレゼンのプロセス「プレ・本番・アフター」** ……202

62 聞き手がワクワクするストーリーを作る
起・承・転・結 ……204

63 結論の先・後を変えて話の説得力を高める
結論が先・結論が後 ……206

64 論理的に問題のヌケ・モレを防ぐ
三角ロジック ……208

65 話の構造を論理的に組み立てる
Whyレス・主張レス・情報過多 ……210

66 全体像から小さな視点で現状を把握する
マクロ・ミクロ ……212

67 ＋と－の視点で正しい判断をする
＋要因・－要因 ……214

68 先入観にとらわれず問題を適切に解決する
事実と判断 ……216

69 非言語情報で伝える力を高める
バーバル＆ノンバーバル ……218

70 組織改革を成功させる7つの要素
マッキンゼーの7S ……220

索引 ……222

Introduction

問題解決
とは

「売上が上がらない」「従業員が定着しない」「顧客のニーズの変化がつかめない」「競合他社の脅威にどう対処するべきか」などなど、日々直面するビジネスの問題。どう対応したらよいのか頭を悩ませている人は少なくありません。しかし、問題解決にはコツがあります。コツさえわかれば、問題解決はそれほど難しいことではありません。その方法を紹介しましょう。

01 | ビジネスの現場における問題とは？

問題とは、現状とあるべき姿とのギャップ。ギャップを埋めるためにするべきことが課題。課題を達成するために行う具体的な行動が対策となります。

ビジネスにおける問題・課題・対策

　ビジネスでは日々さまざまな「問題」が起こっています。問題とは、「売上不振」「資金不足」「従業員のモチベーション低下」など、**事業活動にとって脅威となるような、ネガティブな「現状」**のこと。

　よく、問題と混同される言葉に「課題」がありますが、「問題」と「課題」は似ているようで異なるものです。

　ビジネスには、必ず目標があります。目標とは、あるべき姿、期待される結果のことです。「現状」と「目標」の間には、ギャップがあります。そのギャップが「問題」です。そして**「課題」とは、「ギャップを埋める」＝「問題を解決する」ために起こすべき行動**のことをいいます。

　その**課題を達成するための具体的な行動を示したものが、「対策」**です。適切な対策を立案するためには、まず「問題」と「課題」をクリアにする必要があります。

問題は大きく３つに分けられる

　では、問題について具体的に考えてみましょう。会社の規模や状況によって異なりますが、ビジネスにおける「問題」は主に次の３つに分けられます。

　①**すでに発生している問題**
　②**これから発生する問題**
　③**気づいていない問題**

▶ 問題と課題の違い

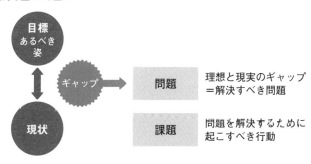

①すでに発生している問題の例として、例えば、「売上が目標に達していない」「前年比の利益率が下がった」などがあります。すでに発生しているので、これ以上**事態を悪化させないためにも、早急に対応する**ことが求められます。

②これから発生する問題は、例えば「人口減少によるさらなる売上低下」「今後の人材不足による営業力の低下」などがあります。現在は発生していないので、**①に比べると優先順位は低いですが、早めに対策を打つことで影響を最小限にしたり、回避したりする**ことも可能です。

③気づいていない問題は、潜在的な問題です。例えば、業務効率やコスト削減、社員教育など、**改善の余地があるのに当事者たちが気づいていない**ことです。内部の人間では気づきにくいので、外部による第三者評価等が必要な場合があります。

ビジネスの現場における課題と対策

次に課題について考えてみましょう。課題は前述のとおり、問題を解決するために起こすべき行動です。例えば「売上低迷」という問題に対しては、「売上向上」という課題が考えられます。その課題達成の手段として、「店頭での販促キャンペーンの実施」「販路の拡大」「販売店へのインセンティブ設定」などの具体的な行動が考えられ、これらが対策となります。

あるいは、「従業員の不足」という問題に対しては「人材の確保」が課題となります。その対策としては、例えば「今いる社員のモチベーションを高め退職者を出さない」「給料を上げる」「業務環境を改善する」などの具体的な行動が挙げられます。

このように、ビジネスで起こるさまざまな脅威やネガティブな出来事を解決するには、まず**現状を把握して、あるべき姿とのギャップ＝「問題」を明らかにすること、次に、ギャップを埋めるためにするべき「課題」を明らかにすること。そして、課題を実行するために具体的な「対策」を考える**というステップで、問題を解決することができます。

▶ よくあるビジネスの問題と課題の例

商品やサービスの
アイデアに目新しさがない

➡ 課題 **新規性のある商品やサービスを開発する**

➡ 対策 **社内から広くアイデアを募る**

自社のコアコンピタンス（競争力となる強み）を見直す
視点を変えてみる

- -

売上向上のために設備投資を行ったが
利益は下がってしまった

➡ 課題 **売上を向上し、かつ**
　　　　利益も下げないためにどうするか

➡ 対策 **売上増と同時に、コスト削減にも取り組む**

設備投資は、優先順位を考えて適切に行う

- -

割り込み仕事が多くて、
大事な会議の準備ができない

➡ 課題 **大事な仕事のために時間を確保する**

➡ 対策 **仕事を重要性の高低と**
　　　　緊急性の高低の2軸で分類する

重要で緊急性の高い仕事から取りかかり、
重要性・緊急性とも低い仕事はやめる

02 | 問題を解決するにはどうしたら？

問題を解決するには、現状を把握し目標を明確化すること。問題解決が上手な人は、ものごとを俯瞰して見る力、全体の流れをつかむ力に長けています。

問題を解決するには、現状を把握し、目標を明確化すること

だけど、いったいどうすればできるの？って思いますよね・・・

うーん…

そこで、問題解決が上手な人がしていることをお教えします！

ものごとを俯瞰して見て、全体の流れをつかむこと！

ほほう

問題解決とは何か？

　問題解決のためにはまず、問題が何かを明らかにする必要があります。問題とは、現状と目標とのギャップですから、ギャップを見つけるためにはまず、**現状把握と目標の明確化が必要**です。それによってギャップが明らかになれば（問題の発見）、ギャップを埋めるためにするべきことを洗い出し（課題の抽出）、具体的に何をすればいいかを考え（対策）、それを実行することが問題解決となります。

問題解決能力の高い人がやっていること

　問題解決能力が高い人は、例外なく次の2つの能力が高いといえます。
　①ものごとを俯瞰して見る力
　②仕事全体の流れを把握する力

「ものごとを俯瞰して見る」とは、現在起こっていることを鳥の目で見ること。つまり、鳥が空から地上を眺めるように、少し距離を置いて**全体を客観的に見る力**です。その反対は目先の問題にとらわれて、客観的な判断ができない状態のこと。目の前のことに集中しすぎるあまり、間近に迫っている危機に気づかず、いざ危機が起こったときに冷静に対処することができません。
　ものごとを俯瞰して見ることができる人は、**ビジネス全体を見渡して、問題の本質がどこにあるか見極めることができ、近い将来、どこにどんな問題が起こり得るかも予測する**ことができます。ですから、いざ問題が起こったときにも、冷静に対処することができるのです。
「仕事全体の流れを把握する」とは、自分の担当部署だけでなく、**ビジネス全体の流れを見ている**こと。例えば、ひとつの商品が開発され、製造され、一般の市場に出回るまにはいくつものプロセスがあります。問題解決能力の高い人は、自分の部署だけでなく、全体のプロセスをざっくりとでも把握しているので、**どこがボトルネックになっているのかを見つけやすい**のです。自分の守備範囲しか見えていないと、問題の根本がどこにあるのかをいつまでたっても見つけることができません。

03 問題解決のための
プロセス

やみくもに問題に対処しても根本的な解決にはつながりません。問題解決には、ある程度決まったプロセスがあります。それに沿っていけば、無駄なく問題を解決することができます。

全体を見て根本的な原因を探る

さまざまな問題が起こったときに、場当たり的に施策を打っても根本的な解決にはなりません。病気にたとえると、風邪をひいたときに咳止めや解熱剤を飲んでも、多少楽になるだけで、根本的な原因であるウイルスを退治しなければ風邪が治らないのと同じです。

無駄なく速やかに問題を解決するためには、**鳥の目で全体を見て、根本的な原因を突き止め、何から解決していけばいいのか、筋道を立てて考える**ことが大事です。

ビジネスの現場で起こる問題はさまざまですが、問題解決のプロセスは、だいたい次のようになっています。どんな問題でも、このプロセスに従って進めていけば解決につながります。

①テーマ設定
②目標設定
③現状分析
④ギャップの認識
⑤改革方針の明確化
⑥対策の立案
⑦実施

①テーマ設定

例えば、「業務の効率化」「売上向上」など、これから取り組みたいテーマを設定します。**何のために（目的）、いつまでに達成するか（納期）**を決め、プロジェクトをスタートします。

②目標設定

このプロジェクトで**何を達成したいのか、テーマ達成後の姿を明確化**し、メンバーで共有します。なるべく具体的な目標（ゴール、到達点）を立てることで、より現実的な対策を立てることができます。

③現状分析

　ヒアリングやデータ等によって**現状を把握**します。客観的な視点で問題を正しく認識するために、もれなくしっかりと情報収集をする必要があります。複数のメンバーで議論することも効果的です。

④ギャップの認識（問題の発掘）

　あるべき姿と現状とのギャップ（問題）を明らかにします。あるべき姿を達成するためには、何が足りないのか、何がボトルネックになっているのか、問題の原因を探っていきます。原因はひとつではなく、複数の原因が複雑に絡み合っていることもあります。漏れがないようにしっかり見極めましょう。

⑤改革方針の明確化

　現状打開のための改革方針（コンセプト）を明確にし、メンバーで共有します。実施段階に入ってからも、何度もコンセプトを振り返ることで、方向性がブレることなく問題解決を遂行することができます。

⑥対策の立案

　あるべき姿と現状のギャップを埋めるために、**具体的に何をするべきかを明らか**にします。実行計画の作成、必要な人員や予算の確保など、より現実的なプランを立てます。

⑦実施

　改革方針を念頭に、**⑥で立てたプランに沿って対策を実施**します。やりっぱなしではなく、実施した結果どうなったのかの評価も行います。成果が上がっていなければ軌道修正・実行を繰り返し、問題解決を完遂します。

▶ 問題解決のプロセス

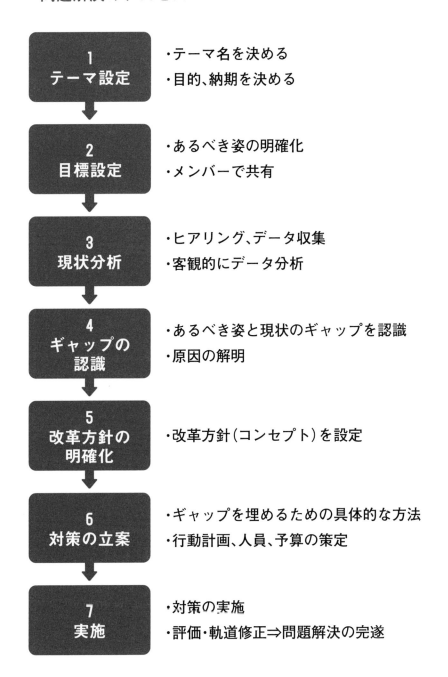

1 テーマ設定	・テーマ名を決める ・目的、納期を決める
2 目標設定	・あるべき姿の明確化 ・メンバーで共有
3 現状分析	・ヒアリング、データ収集 ・客観的にデータ分析
4 ギャップの認識	・あるべき姿と現状のギャップを認識 ・原因の解明
5 改革方針の明確化	・改革方針（コンセプト）を設定
6 対策の立案	・ギャップを埋めるための具体的な方法 ・行動計画、人員、予算の策定
7 実施	・対策の実施 ・評価・軌道修正⇒問題解決の完遂

問題解決ができない理由とは？

問題解決のプロセスに沿って解決策を立案し実行しても、問題解決ができないことがあります。主な原因は、問題設定が間違っている、現状把握が適切にできていない、計画に無理があることです。

問題解決ができない理由は3つ

プランに沿って対策を実施しているにもかかわらず、問題を解決できない場合には、次の3つの理由が考えられます。

①目標設定を見失っていないか

②現状を正しく把握できているか

③計画に無理はないか

問題解決に取り組みながら、これらの3つの視点で自分たちのやり方を見直していく必要があります。

①目標設定を見失っていないか

まず、どこで間違ったのかを突き止めます。前項の問題解決のプロセスを見てみましょう。①のテーマ設定や②の目標設定自体が間違っていたとしたら、その後のプロセスもすべてうまくいきません。今、何を解決しようとしているのか、目標（あるべき姿）は間違っていないか、改めて見直してみましょう。

②現状を正しく把握できているか

問題解決のプロセスの中で、最も方向性を間違える原因となりがちなのが現状分析です。現状が正しく分析されていなければ、対策も的外れなものとなってしまいます。情報収集は十分だったか、客観的に分析できているか、再度チェックしましょう。

③計画に無理はないか

目標設定や現状分析は正しくできているのに問題解決がうまくいかない場合は、対策の立案に無理がある場合があります。スケジューリングは適切であったか、人員や予算配分は足りているか、そもそも、対策は実現可能性のあるものだったか、実際の行動に移せるだけの具体性はあったか、改めて見直してみましょう。

05 | 問題解決のために
フレームワークを活用する

誰でも簡単に論理的思考ができ、問題発見ができるツールがフレームワーク。フレームワークを使えば、漏れやダブりのない解決法に最短で到達できます。

フレームワークとは？

　問題解決能力を高めるうえで、**便利なツールが「フレームワーク」**です。フレームワークとは、あらゆるものごとを漏れやダブりがない状態で分類するもので、1980年代に、マッキンゼー・アンド・カンパニーをはじめとするコンサルティング会社や学者などが考え出した分析・思考のためのツールです。今では企業やコンサルタントが戦略決定などを行う際に広く使われています。もちろん一般のビジネスパーソンも、企画立案や問題解決のためにフレームワークを活用しています。

　フレームワークは、いわば**思考のための公式**のようなもので、これを**上手に活用することで、さまざまな問題がスムーズに解決でき、仕事のスピードがアップ**します。何度も活用するうちに、どんなときでも自然とフレームワーク的な思考ができるようになり、全体を俯瞰する力や論理的思考力が格段にアップしていることを実感できるでしょう。

フレームワークはどのようなときに役立つのか？

　フレームワークは、漏れやダブりなく全体を分類する枠組みのことですが、この**「漏れやダブりがない」**状態をミッシー（MECE：Mutually Exclusive Collectively Exhaustive）といいます。ミッシーな状態は、意思決定や問題解決の際にとても重要です。なぜなら、漏れがあると全体像を見失ってしまい、ダブりがあると同じ作業を何度も繰り返すという無駄が発生するからです。ミッシーな状態でものごとを把握することが、効率的な問題解決の前提条件ですが、知識や経験がない人にとって簡単なことではありません。そこで、フレームワークが役立ちます。**フレームワークを使えば、誰でも簡単にミッシーな状態で全体把握ができる**のです。

フレームワークを活用するメリット

　フレームワークの利点は、何より**意思決定や企画立案のスピードが格段に速くなり、精度が高まる**ことです。

　ビジネスの現場では、常にさまざまな問題が発生します。原因は、複数の

意思決定のスピードアップ	フレームワークという公式を使うことで、短時間で正しい意思決定ができる
分析の精度がアップ	フレームワークを使うことで、漏れなくダブりなく、リサーチや分析を行うことができる
論理的に話せるようになる	フレームワークに沿って筋道を立てて話すことで、相手に伝わりやすくなる

要素が絡み合っていることが多く、短時間で解決法を見出すのは困難です。このようなときにフレームワークを活用すると、漏れなくダブりなく全体を把握することができ、分析の精度が上がります。また、情報に漏れがないため正しい意思決定が可能です。人に説明をするときにも、フレームワークを使うと論理的に話を進めることができ、相手にわかりやすく伝えることができます。

フレームワークにはどのようなものがあるのか？

　フレームワークは、目的によって数多くの種類がありますが、おおよそ次の3つに分類することができます。

　①要素を分解する
　②流れを見る

③対比する

　①要素を分解するフレームワークは、**問題や課題などを分解して体系的に整理する**ために使います。例えば、ムダ・ムラ・ムリの「ダラリの法則」（P72参照）や、自社・競合・市場をリサーチして戦略を考える「3C・4C分析」（P84参照）などがあります。

　②流れを見るフレームワークは、**仕事の流れやものごとのプロセスを、順を追って示す**ものです。代表的なものに PDCA サイクル（P154参照）や、ポーターのバリューチェーン分析（P158参照）などがあります。

　③対比するフレームワークは、**2つの軸によるマトリックスを作り、ものごとの位置づけを明確**にします。例えば SWOT 分析（P48参照）や PM マトリックス（P110参照）などがあります。

▶ フレームワークの3つの分類

1　要素を分解する

問題や課題などを分解して
体系的に整理する

2　流れを見る

プロセスを順を追って示す

3　対比する

マトリックスでものごとの
位置づけを明確化

06 | フレームワークを どのように使いこなす？

フレームワークは、ただ使えばいいというものではありません。効率的に問題解決に導くためには、目的に合った適切なフレームワークを使うことが重要です。

目的に合わせて効果的なフレームワークを選ぶ

　フレームワークは、ばらばらな情報をすっきり整理したり、複雑な問題を体系化したりして、問題点や方向性を明らかにするために大変効果的なツールです。しかし、ただやみくもにフレームワークを使えばいいというわけではありません。まず、**目的に合ったフレームワークを使うことが大事**です。フレームワークの目的は大きく分けて、

　①リサーチ、分析

　②問題発掘、テーマ化

　③アイデアを出す

　④方針を決定

　⑤計画の立案と承認

　⑥計画推進

　⑦問題の検証・報告・終結

の７つに分類できます。それぞれの**目的を達成するために、最適なフレームワークを見極め**ましょう。最初は、どの問題をどのフレームワークに当てはめればいいのか、わからないかもしれません。まずは**本書の事例を見て、自分が抱えている問題と置き換えられないかを考えて**みてください。試しに、これと思ったフレームワークに自分の事例を当てはめてみるのもよいでしょう。

　一度にあれもこれもと手をつけず、自分が使いやすいフレームワークをひとつ見つけて、それを何度も使うことで慣れていくことから始めるとよいでしょう。何度も活用するうちに、「あ、この事例ならあのフレームワークで整理できる」と考えられるようになればしめたもの。その頃には、自然とフレームワーク的な思考ができるようになっているはずです。

リサーチ、分析のフレームワーク

　市場分析や販売戦略の策定、顧客開拓など、マーケティング戦略を立てる際には、正確な調査分析が不可欠です。漏れなくダブりなく、リサーチ・分析を行うために役立つフレームワークを紹介します。

ツール
01 PEST 分析 ⸺⸺⸺⸺⸺⸺⸺⸺ ▶ P46

02 SWOT 分析 ⸺⸺⸺⸺⸺⸺⸺ ▶ P48

03 5フォース分析 ⸺⸺⸺⸺⸺⸺ ▶ P50

04 ポーターの7つの参入障壁 ⸺⸺ ▶ P52

05 基準と実際のギャップ ⸺⸺⸺⸺ ▶ P54

06 パレートの法則 ⸺⸺⸺⸺⸺⸺ ▶ P56

07 バランスド・スコア・カード ⸺⸺ ▶ P58

08 ハード・ソフト ⸺⸺⸺⸺⸺⸺ ▶ P60

09 CVP 分析 ⸺⸺⸺⸺⸺⸺⸺⸺ ▶ P62

10 独立関係・従属関係 ⸺⸺⸺⸺ ▶ P64

問題発掘、テーマ化の フレームワーク

▶▶ 第 2 章

　ビジネスにおける問題の原因はひとつとは限りません。複数の原因が複雑に絡まり合っている場合もあります。問題解決を効率的に行うためには、真の原因を追求し、適切な解決策を導き出すためのフレームワークを選びましょう。

ツール

11　ダラリの法則 .... ▶ P72

12　ドメイン（自分の領域） .... ▶ P74

13　撤退⇔新規サイクル .... ▶ P76

14　製品ライフサイクル .... ▶ P78

15　三現主義 .... ▶ P80

16　マーケティングの４Ｃ .... ▶ P82

17　３Ｃ・４Ｃ分析 .... ▶ P84

18　ペイオフマトリックス .... ▶ P86

19　重要性×緊急性 .... ▶ P88

20　Win・Lose モデル .... ▶ P90

アイデアを出すフレームワーク

▶▶ 第 3 章

ユニークなアイデアを出し続けることは企業が生き残るための必要条件です。しかし、場当たり的にアイデアを発散するだけではすぐに枯渇してしまいます。フレームワークを使えば、誰でも簡単にたくさんのアイデアを出すことができます。

ツール
21 発散→収束の思考 ·· ▶ P98

22 左脳モード⇔右脳モード ······································ ▶ P100

23 E・C・R・S ··· ▶ P102

24 Why 分析 ·· ▶ P104

25 リバースシンキング ·· ▶ P106

26 オプションアプローチ ··· ▶ P108

27 PM マトリックス ·· ▶ P110

28 イノベーションの７つの機会 ······························ ▶ P112

29 帰納法 ··· ▶ P114

30 演繹法 ··· ▶ P116

方針を決定する
フレームワーク

▶▶ 第 **4** 章

　新たな市場を獲得するためには、どの方向にビジネスの舵を切ればいいのか、ビジネスの重点をどこに置くのか、投資の優先順位をどのようにつけるのかなど、重要な意思決定を行わなければなりません。その際にもフレームワークを使うと便利です。

ツール
31 MUST/WANT ⋯⋯⋯⋯⋯⋯⋯⋯⋯⋯⋯⋯⋯⋯⋯⋯⋯ ▶ P124

32 スクラップ＆ビルド ⋯⋯⋯⋯⋯⋯⋯⋯⋯⋯⋯⋯ ▶ P126

33 戦略の3S ⋯⋯⋯⋯⋯⋯⋯⋯⋯⋯⋯⋯⋯⋯⋯⋯⋯ ▶ P128

34 ポーターの3つの基本戦略 ⋯⋯⋯⋯⋯⋯⋯ ▶ P130

35 ブルー・オーシャン ⋯⋯⋯⋯⋯⋯⋯⋯⋯⋯⋯⋯ ▶ P132

36 アクションマトリックス ⋯⋯⋯⋯⋯⋯⋯⋯⋯⋯ ▶ P134

37 カスタマーイン ⋯⋯⋯⋯⋯⋯⋯⋯⋯⋯⋯⋯⋯⋯⋯ ▶ P136

38 ランチェスター戦略 ⋯⋯⋯⋯⋯⋯⋯⋯⋯⋯⋯⋯ ▶ P138

39 ナンバーワン戦略 ⋯⋯⋯⋯⋯⋯⋯⋯⋯⋯⋯⋯⋯ ▶ P140

40 孫子の小兵力戦法 ⋯⋯⋯⋯⋯⋯⋯⋯⋯⋯⋯⋯⋯ ▶ P142

計画の立案と
承認のフレームワーク

　プロジェクトを確実に進めるためには、計画が重要です。全体像を把握して漏れなくダブりなく、やるべきことを洗い出し、優先順位を付けたうえで計画を実施します。やりっぱなしではなく、結果を検証し評価することも忘れてはいけません。

ツール
41 企画・計画・実施 ⋯⋯⋯⋯⋯⋯⋯⋯⋯⋯⋯⋯⋯⋯ ▶ P150

42 5W2H ⋯⋯⋯⋯⋯⋯⋯⋯⋯⋯⋯⋯⋯⋯⋯⋯⋯⋯⋯ ▶ P152

43 PDCA サイクル ⋯⋯⋯⋯⋯⋯⋯⋯⋯⋯⋯⋯⋯⋯ ▶ P154

44 R-STP-MM ⋯⋯⋯⋯⋯⋯⋯⋯⋯⋯⋯⋯⋯⋯⋯⋯ ▶ P156

45 ポーターのバリューチェーン分析 ⋯⋯⋯⋯ ▶ P158

46 グー・パー・チョキ理論 ⋯⋯⋯⋯⋯⋯⋯⋯⋯ ▶ P160

47 シェア（26%・40%・70%）の法則 ⋯⋯ ▶ P162

48 価値工学（VE） ⋯⋯⋯⋯⋯⋯⋯⋯⋯⋯⋯⋯⋯ ▶ P164

49 Before/After ⋯⋯⋯⋯⋯⋯⋯⋯⋯⋯⋯⋯⋯⋯ ▶ P166

50 1日3分割法 ⋯⋯⋯⋯⋯⋯⋯⋯⋯⋯⋯⋯⋯⋯⋯ ▶ P168

計画推進の
フレームワーク

▶▶ 第 **6** 章

　ビジネスを強化するためには、経営資源＝「ヒト・モノ・カネ・情報」の適切な投入と強化が不可欠。また、「撤退⇔新規」を繰り返すことで新陳代謝を図っていかなければなりません。速やかな意思決定にフレームワークが有効です。

ツール
51 フォーマル・インフォーマル ……………………………………… ▶ P176

52 ホウレンソウ ………………………………………………………… ▶ P178

53 組織敗北の６つの状態 ……………………………………………… ▶ P180

54 みこし担ぎの法則 …………………………………………………… ▶ P182

55 仕事の足し算・引き算 ……………………………………………… ▶ P184

56 ヒト・モノ・カネ・情報 …………………………………………… ▶ P186

57 マーケティングの４P ……………………………………………… ▶ P188

58 AIDMA モデル ……………………………………………………… ▶ P190

59 QCD（Quality・Cost・Delivery）………………………………… ▶ P192

60 is/is not 分析 ………………………………………………………… ▶ P194

問題の検証・報告・終結のフレームワーク

▶▶ 第 7 章

　論理的に相手を説得するためには、ものごとを体系的に整理し、順序立てて話を進められるフレームワークが役に立ちます。ここで紹介するフレームワークは、レポートをまとめる際や日常会話の中など、ビジネス以外でも、広く使えるフレームワークです。

ツール
61 プレゼンのプロセス「プレ・本番・アフター」 ▶ P202

62 起・承・転・結 ▶ P204

63 結論が先・結論が後 ▶ P206

64 三角ロジック ▶ P208

65 Why レス・主張レス・情報過多 ▶ P210

66 マクロ・ミクロ ▶ P212

67 ＋要因・－要因 ▶ P214

68 事実と判断 ▶ P216

69 バーバル＆ノンバーバル ▶ P218

70 マッキンゼーの７S ▶ P220

問題解決能力を上げるために

　問題解決能力を上げるためには、①ものごとの全体像を把握する力や、②全体の流れを見る目を養う必要性があることは最初に述べました。

　それらに加え、

　③常に先を予測しながら行動すること

　④客観的にものごとを見る習慣をつけること

　を意識するようにしましょう。

　③の「常に先を予測しながら行動すること」は、目先のことばかり見ているとなかなかできないものです。しかし①や②ができるようになると、少し先の状況の予測ができるようになります。ただ予測するだけでなく、あらかじめ、こうなった場合にはこうするという解決策を複数考えることで、問題解決能力を鍛えることができますし、実際に予測どおりリスクに直面した場合にも、落ち着いて対処することができます。

　④の「客観的にものごとを見る習慣」については、「○○が多い、少ない」といった感想ではなく、具体的な数字を確認する習慣をつけることが大切です。また、他人からの情報についても、それは個人的な意見なのか、客観的な事実なのか、見極めることを習慣にしましょう。そうすることで、適切な問題解決ができるようになります。

　もうお気づきだと思いますが、それらのスキルを身につけるには、日ごろからフレームワークを活用することが重要です。フレームワークは「枠組み」であり「公式」であり「型」です。武道や茶道で使われる「守破離」という言葉がありますが、この意味は、最初は型をそのとおりに真似し、何度も使って自由自在に使いこなせるくらい身についたら、型を捨てて新しい技を作り出していくということ。フレームワークもそれと同じです。何度も使ううちに、自分のものとなり、型がなくても自分の頭で問題解決ができるようになることを目指しましょう。

第 **1** 章

リサーチ、分析

市場分析や販売戦略の策定、顧客開拓など、マーケティング戦略を立てる際には、正確な調査分析が不可欠です。漏れなくダブりなく、リサーチ・分析を行うために役立つフレームワークを紹介します。

01 世の中の変化を分析し、経営戦略を立てる
PEST分析 .... ▶ P46

02 社内外の現状を分析して戦略を立案する
SWOT分析 .... ▶ P48

03 競争の視点で外部環境を分析する
5フォース分析 .... ▶ P50

04 参入障壁に注目して新規事業を検討する
ポーターの7つの参入障壁 .... ▶ P52

05 現実と理想のギャップを是正して問題解決
基準と実際のギャップ .... ▶ P54

06 売上のうちの重要な要素をとらえる
パレートの法則 .... ▶ P56

07 仕事の進め方を時系列で考える
バランスド・スコア・カード .... ▶ P58

08 商品とサービスの融合でビジネスの可能性を拡大
ハード・ソフト .... ▶ P60

09 黒字化させるための方策を検討する
CVP分析 .... ▶ P62

10 ものごとの関係性を区別して意思決定する
独立関係・従属関係 .... ▶ P64

市場や環境の分析

今後のビジネスの方向性を検討するためには、自社の現状や、自社を取り巻く外部環境を把握しておく必要があります。そのためのフレームワークを紹介します。

01 | PEST分析

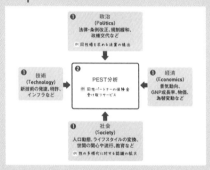

経営戦略を立てる際に内部環境（経営資源）と外部環境（自社を取り巻く環境）の分析を行うために使用する。

02 | SWOT分析

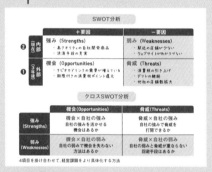

自社の強みと弱みを、社外、社内双方から分析する手法。現状分析や経営課題を整理するときに使用する。

03 | 5フォース分析

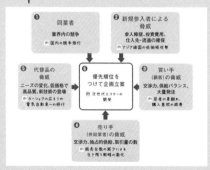

自社を取り巻く、5つの脅威を分析して、課題解決や戦略立案をするときに使用する。

問題点の分析

新規参入や事業の見直し、業務改善などの際に、今、何が問題になっているのかを短期間で正しく見極めるために役立つフレームワークです。

04 ｜ ポーターの７つの参入障壁

新規事業を始める際に、考えなければならない７つの参入障壁のこと。障壁を分析し最終判断を行う。

05 ｜ 基準と実際のギャップ

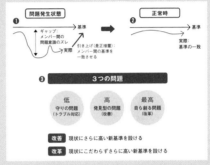

現実と理想のギャップの是正が問題解決の基本。メンバー間でギャップを共有することがポイント。

07 ｜ バランスド・スコア・カード

過去・現在・未来の３つの視点から企業を評価する手法。未来に向けての経営戦略を立てる際に使用する。

※「06 パレートの法則」は次ページにあります。

優先順位の分析

適切な経営資源（ヒト・モノ・カネ・情報）の配分を行うためには、自社の強み・弱みを明確にし、事業の優先順位をつける必要があります。そのために有効なフレームワークを紹介します。

06 | パレートの法則

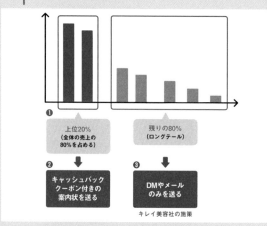

上位20%が全体の80%の売上を生み出すという理論。経営資源をどこに集中すべきかの判断に使用する。

10 | 独立関係・従属関係

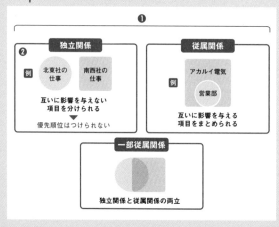

複数のものごとの関係性を考慮してビジネスの優先順位をつける考え方。情報整理にも役立つ。

顧 客 の 分 析

自社製品やサービスの内容を決めるためには、顧客や市場のニーズを正しく把握する必要があります。そのために有効なフレームワークを紹介します。

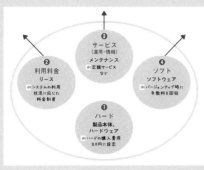

08 | ハード・ソフト

ビジネスの可能性を、ハード面、ソフト面の両面からとらえる考え方。両者のバランスをどうとるかが重要。

財 務 分 析

正しく財務分析をするためには、コストと売上を把握し、損益分岐点を知っておくことが大事です。そのためのフレームワークを紹介します。

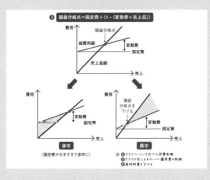

09 | CVP分析

コスト（変動費と固定費）と売上高から損益分岐点（赤字と黒字の境界点）を割り出す、財務分析の手法。

01

世の中の変化を分析し、経営戦略を立てる

PEST分析
（ベスト）

よくあるビジネスの 問題

保険会社のスワン生命の商品やサービスには目新しさがなく、新規顧客の獲得に苦労している。社長は、「先手を打つための施策はないのか」と社員に檄を飛ばすが、出される案は、どれもすでに市場に出回っているものばかり…。

使い方
政治や経済などの変化が会社に与える影響を分析する

経営戦略を立てるうえで、内部環境（経営資源）と外部環境（自社を取り巻く環境）の分析は不可欠で、外部環境の分析に用いる代表的なフレームワークが「PEST分析」です。「PEST」とは「Politics（政治）」「Economics（経済）」「Society（社会）」「Technology（技術）」の4つの視点。これらが自社にどのような影響を与えるのか分析します。

中長期的に効果のある戦略を立案するには、現状だけでなく、3〜5年先の動向やトレンドの仮説を立ててシミュレーションすることが重要です。

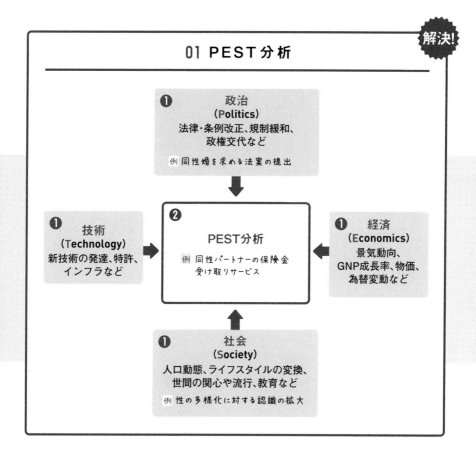

01 PEST分析

解決!

❶ 政治
（Politics）
法律・条例改正、規制緩和、
政権交代など
例 同性婚を求める法案の提出

❷ PEST分析
例 同性パートナーの保険金
受け取りサービス

❶ 技術
（Technology）
新技術の発達、特許、
インフラなど

❶ 経済
（Economics）
景気動向、
GNP成長率、物価、
為替変動など

❶ 社会
（Society）
人口動態、ライフスタイルの変換、
世間の関心や流行、教育など
例 性の多様化に対する認識の拡大

　❶「政治的要因」「経済的要因」「社会的要因」「技術的要因」の４つの視点から、自社に影響を与えそうな外部要因をすべて書き出します。現状の分析に終わらせないためにも、世の中の変化やトレンドを意識します。中長期（３〜５年先）の変化を大胆に予測してみましょう。

　❷書き出した要因の中から、自社にとって重要な事柄を選び出し、優先順位をつけます。「PEST」のそれぞれの分析結果については、独立させて把握するのではなく、４つの要因がどのように絡み合い、自社に機会と脅威を与えるかを分析します。例えばスワン生命では、**「政治的要因」である「同性婚を求める法案の提出」**と、**「社会的要因」の「性の多様化に対する認識の拡大」を結びつけることで、「同性パートナーの保険金受け取りサービス」を検討する**など、外部要因の関連を意識しながら分析・把握すると、より効果的な施策の立案につながります。

第1章　リサーチ、分析

社内外の現状を分析して戦略を立案する

02 SWOT分析
スウォット

よくあるビジネスの 問題

利益拡大のために、経営戦略の見直しが必要と判断したコンビニエンスストアチェーンのサンキュー社。しかし「店舗数を拡大するべき」「商品開発に力を入れるべき」など、意見がバラバラで具体策が立てられない…。

使い方
自社の強みと弱みを
社内外の環境から分析

「SWOT分析」とは、自社の現状を正確に把握するために、自社の強みと弱みを社内と社外の双方から分析する手法です。「SWOT」は、内部要因の「Strengths（強み）」「Weaknesses（弱み）」、外部要因の「Opportunities（機会）」「Threats（脅威）」の4つの切り口を表します。

自社にとってのプラスの環境変化が「機会」、マイナスの環境変化が「脅威」で、自社の現状を強み・弱みとともに「＋要因」と「－要因」に振り分けることで、相対的な分析ができます。

02 SWOT分析

解決!

SWOT分析

		＋要因	－要因
❷	**内部（現在）**	**強み（Strengths）** ・高クオリティの自社開発商品 ・決済手段の充実	**弱み（Weaknesses）** ・駅近の店舗が少ない ・ウェブサイトがわかりづらい
❶	**外部（3年後）**	**機会（Opportunities）** ・タピオカドリンクの需要が増えている ・期限付きの消費税ポイント還元	**脅威（Threats）** ・消費税の引き上げ ・デフレの継続 ・他社の店舗数拡大

クロスSWOT分析

	機会(Opportunities)	脅威(Threats)
強み (Strengths)	**機会×自社の強み** 自社の強みを活かせる 機会はあるか	**脅威×自社の強み** 自社の強みで脅威を 打開できるか
弱み (Weaknesses)	**機会×自社の弱み** 自社の弱みで機会を失わない 方法はあるか	**脅威×自社の弱み** 自社の弱みと脅威が重ならない 回避手段はあるか

4項目を掛け合わせて、経営課題をより具体化する方法

❶内部環境に影響を与える外部環境の「機会」と「脅威」を洗い出します。サンキュー社の場合、機会と脅威にあたるのは、「消費税の引き上げ」や「デフレの継続」といった景気の変動や法改正などのマクロ環境と、「他社の店舗数拡大」「タピオカドリンクの需要増」といった他社の動向や顧客のニーズなどのミクロ環境で、これらを項目別に分析します。

❷自社の「強み」や「弱み」である内部環境を分析します。例えば強みには「高クオリティの自社開発商品」や「決済手段の充実」、弱みには「駅近の店舗が少ない」「ウェブサイトがわかりづらい」などが挙げられます。主観的にならず、競合他社と比較して相対的に評価しましょう。さらに機会と脅威を3年後まで予測できれば、将来の課題が明らかになり、中長期的に効果的な戦略の立案が可能です。サンキュー社では、**強みである魅力的な商品開発に力を入れつつ、ウェブサイトを見やすく改善する**ことが考えられます。

03

競争の視点で外部環境を分析する
５フォース分析
ファイブ

よくあるビジネスの 問題

自動車業界の市場占有率で最下位をひた走るマイカ自動車は、なんとか最下位から脱しようと、躍起になって同業他社の動向をうかがっている。社長は「競争に勝つためには、他社との違いを分析すること」が何より重要だと考えているようだ…。

使い方
５つの競争要因を分析して
競争の死角を発見する

「同業者間の競争」「新規参入者による脅威」「買い手（顧客）の脅威」「売り手（供給業者）の脅威」「代替品の脅威」の５つの競争要因を分析することで競争の死角を発見し、課題解決や戦略立案に活かすフレームワークが「５フォース分析」です。

　自社が所属する業界や新規参入を検討している業界で勝ち残るには、５フォース分析を活用し、厳しい競争環境を緩和できるような施策を立てることがポイントとなります。

03 5フォース分析

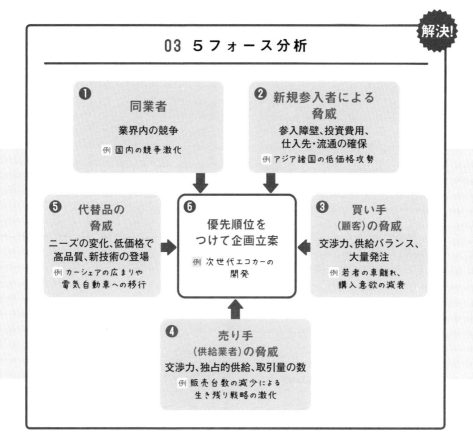

❶戦略の立案には、業界内の競争について情報収集することが重要です。しかし自社を取り巻く脅威は同業他社の存在だけではありません。戦略立案に必須である経営課題を浮き彫りにするには、ほかにも次のような競争要因の分析が必要です。

❷「新規参入者による脅威」は、シェアを脅かす参入者の有無や数を分析します。❸「買い手の脅威」、❹「売り手の脅威」は、買い手と売り手の力の強弱による利益の変動など、影響を分析します。❺「代替品の脅威」は、現状の製品よりも低価格で高性能な代替品の登場などを表します。

❻5つの要因を分析したら、自社に特に強いインパクトを与えそうな脅威を2つか3つに絞り込み、優先順位をつけます。これで競争要因がより明確になり、具体性の高い戦略立案に活かせるようになります。メイノ自動車は、**世界の動きも見据え次世代エコカーの開発に力を入れる**ことにしました。

紳士服チェーンのアオタスーツは、仕事着のカジュアル化が進んでいる現状を踏まえ、新たにカジュアル衣類の企画と販売を検討している。だが役員からは「新規顧客を開拓できるのか」と不安視する声も挙がっており、決断に至らない…。

使い方
新規参入の障害となる
７つの参入障壁

参入障壁には、右ページの図に示した７つがあり、**新規参入者と既存事業者のそれぞれの立場で参入障壁を検討**します。

　新規参入者であれば、流通チャネル（消費者への流通経路）など、自社の経営資源を活かせる分野で新規事業を検討すると参入障壁が低くなります。一方の既存事業者は、設備投資などで生産性を高めて新規事業者が十分な利益を得られないようにし、参入障壁を高めることができます。

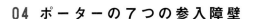

04　ポーターの７つの参入障壁

解決！

1	**規模の経済** （自動化が容易な産業など）	事業規模の拡大とともに コスト削減の効果が高まる
2	**製品差別化** （高級ブランドなど）	確固たる製品の差別化が 築かれているため、高度な差別化が必要
3	**巨額の投資** （通信業界、鉄道業界など）	研究開発や設備投資などの 巨額の投資が必要
4	**仕入先を変更するコスト** （システムの変更、審査の手間など）	新たな仕入先の開拓と それに伴うコスト
5	**流通チャネルの確保** （事業の多角化）	商品やサービスを流通させるルートの 開拓とコスト
6	**規模とは無関係なコスト面の不利** （製品技術や生産技術といった特許）	技術や原材料の独占力
7	**政府の政策** （医療業界や銀行業界などの免許制）	行政の許認可や法的な優遇

❶

　新規事業などで新たな分野に参入するのであれば、事業を円滑に進めて利益の確保につなげるためにも、「どんな参入障壁があるのか」を認識しておかなければなりません。

　❶検討中の新規事業にどんな参入障壁があるのかを、「７つの参入障壁」の中から列挙して分析してみましょう。衣料品業界で新規事業を開始するのであれば、「規模の経済」「製品差別化」「仕入先を変更するコスト」「流通チャネルの確保」が参入障壁として挙げられるのではないでしょうか。

　別分野への新規参入は、参入で得られる利益が参入障壁によって負担となるコストを上回る算段がなければ、控えるのが賢明です。アオタスーツの場合も同様です。**参入に伴うコストを正確に算出し、リスクを比較検討したうえで新規参入に臨まなければ、思わぬ大損失を生む**可能性があることを認識しておかなければなりません。

現実と理想のギャップを是正して問題解決

05 基準と実際の ギャップ

よくあるビジネスの 問題

あんしん食品のクレーム発生率は毎月平均0.3％だが、先月は３％まで上昇した。営業部長は、元の水準まで引き下げる策を立てようとしているが、「３％ならまだ許容範囲なのでは」と考える社員もいる…。

使い方
問題解決のために組織で
基準と実際の認識を共有する

　期待値や本来あるべき姿が「基準」で、現実の姿が「実際」です。問題とは、実際が基準を下回った際のギャップのことで、基準と実際が一致していれば問題が生じることはありません。

　つまり問題解決とは、なんらかの対策を講じて基準と実際のギャップを解消すること。組織の中で、チーム一丸となって問題解決をするためには、**基準と実際のギャップをメンバー間で共有し、問題意識を一致させる**ことが重要です。

解決!

05 基準と実際のギャップ

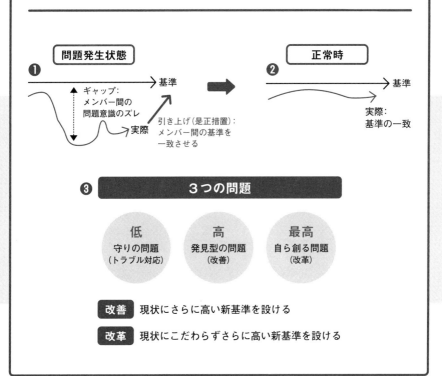

❶ 問題発生状態

ギャップ：
メンバー間の
問題意識のズレ

基準

実際

引き上げ（是正措置）：
メンバー間の基準を
一致させる

❷ 正常時

基準

実際：
基準の一致

❸ **3つの問題**

低
守りの問題
（トラブル対応）

高
発見型の問題
（改善）

最高
自ら創る問題
（改革）

改善　現状にさらに高い新基準を設ける

改革　現状にこだわらずさらに高い新基準を設ける

❶問題を解決できない理由は、メンバー間の「基準」と「実際」の両方、またはどちらか一方にズレが生じていて、問題意識が一致していないためです。まずは組織の目標を明確化するためにも、メンバー間の基準を一致させて問題意識を共有しましょう。

❷基準の共通認識が持てれば、次は現状分析によって実際を確認し、基準値と実際のギャップを認識します。基準がクレーム発生率の平均値である0.3％に対して、実際が3％であればギャップが生じているのは明らかです。あんしん食品では、この**ギャップが生じた理由を共有し、適格な是正措置を実施して、実際を基準にまで引き上げ**なければなりません。

使い方のポイント
❸
問題意識は、最も低いレベルの「守りの問題」、高いレベルの
「発見型の問題」、最高レベルの「自ら創る問題」の3種類に分類できる。
基準と実際が一致したら新しい基準を設けて、攻めの問題解決へ。

06 パレートの法則

売上のうちの重要な要素をとらえる

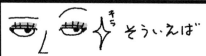

化粧品会社のキレイ美容社は、毎月すべての顧客リスト宛にDM（ダイレクトメール）を発送しているが、実際に購入するのは過去に購入経験があるリピーターのみ。販売部長の美川さんは、DMの必要性を疑問視している…。

使い方
上位20%の要因を分析し
残り80%を改善する

「パレートの法則」とは、上位20%が全体の80%を生み出しているという理論です。例えば、上位20%の優良顧客が、会社の売上のうち80%をもたらしている、といった状況が当てはまります。

この法則を活用すれば、どこに経営資源を集中させるべきかを判断でき、残り80%に対する改善策の立案にも役立ちます。もちろん、必ずしもデータ分析の結果が20/80になるとは限りません。大切なのは、上位の少数派が大部分を占めるという認識です。

06 パレートの法則

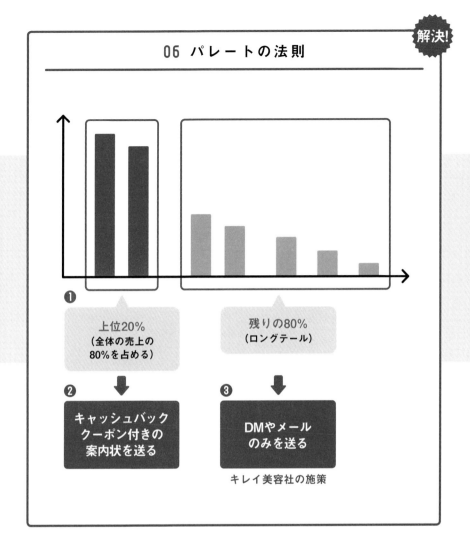

❶ 上位20%
（全体の売上の
80%を占める）

残りの80%
（ロングテール）

❷ キャッシュバック
クーポン付きの
案内状を送る

❸ DMやメール
のみを送る

キレイ美容社の施策

❶売上を整理し、顧客それぞれの重要度を分析する際にも役立つ「パレートの法則」。「上位20%が全体の80%を生み出している」という理論を用いると、すべての顧客に同じコストをかけても意味がないことがわかります。

そこでキレイ美容社の場合は、例えば全顧客に同じように送付していた新商品イベントの案内状を差別化してみましょう。❷**上位20%の顧客にはキャッシュバッククーポン付きの案内状を送り**、❸**残りの80%には DM やメールのみを送り**ます。こうすれば、コストの削減だけでなく、優良顧客の満足度の向上や購入意欲の促進も期待できるでしょう。

07

仕事の進め方を時系列で考える
バランスド・スコア・カード

よくあるビジネスの **問題**

カネダ社は、営業利益の低下を理由に、今後は経営資源（ヒト・モノ・カネ・情報）への投資を大幅に削減することになった。「現状の経営資源で、最大限の利益を生み出せ」とのお達しに、社員は首をかしげるしかない…。

使い方
過去と現在にこだわりすぎず
未来への準備を進める

ビジネスを成功させるためには、「過去・現在・未来」の３つの時間軸を時系列でバランスよく把握し、思考の偏りを防ぐことが重要です。

過去の大きな失敗や業績不振にとらわれ、目先の目標だけを追い求めるのではなく、将来の成果へ向けた準備が必要です。過去と現在を冷静に分析し、現状の問題点を明確にできれば、今後どのような対策が必要なのかを判断しやすくなります。将来的に成果を上げるためにも「過去・現在・未来」の視点で今後の戦略を立てましょう。

07　バランスド・スコア・カード

バランスド・スコア・カード（BSC）

過去・現在・未来の視点から企業を評価する手法

❶

❷過去　　　　　　　　財務の視点

↓　　　　　　　　　　↑

❸現在　顧客の　←　**戦略とビジョン**　→　業務プロセスの
　　　　　視点　　　　　　　　　　　　　　視点

↓　　　　　　　　　　↓

❹未来　　　**❺学習と成長の視点**
　　　　　・会社の成長　・人材育成　・新規顧客の獲得

---

❶企業を「過去・現在・未来」の時系列で評価するには、バランスド・スコア・カードと呼ばれる手法を活用します。バランスド・スコア・カードでは、戦略を中心に据えて、その周りを「過去・現在・未来」の3つの時系列で取り囲むことで、それぞれの視点での評価が可能となります。

❷過去は「財務の視点」、❸現在は「顧客の視点」と「業務プロセスの視点」、❹そして未来は、会社の成長や人材育成の重要性を表す「学習と成長の視点」でとらえます。カネダ社は、**過去の損失から改善点を発見し、現状では顧客と業務プロセスの視点から何を改善できるのかを考え、そして未来の成果を上げるために、今から何をやらなければならないか**を考えます。

このように、バランスド・スコア・カードを用いて経営戦略を立てられれば、経営資源の強化のための先行投資が不可欠であることを認識できるようになります。

使い方のポイント
❺　「学習と成長の視点」の組み込みによる、
　　未来への投資のためにも現在と未来のバランスに注視する。

商品とサービスの融合でビジネスの可能性を拡大

08 ハード・ソフト

よくあるビジネスの 問題

アカルイ電気は、既存の製造業界向けの生産管理システムを大幅に改良した新製品を発表したが、売上が伸びない。社長は、「高性能なシステムが売れないのは君たちに責任がある」と営業部を責め立てている…。

使い方
ハードとソフトのワンセットで
ビジネスモデルを設計する

　製品の本体など有形の商品を「ハード」と呼ぶのに対し、ソフトウェアや利用料金、サービスといった無形の商品を「ソフト」と呼びます。高額なハードの販売だけでは十分な売上の確保が難しい現在、ビジネスの勝算を見出すには、ソフトの重要性を認識し、「ハードとソフト」の両面から可能性を模索する必要があります。「ハードとソフト」を融合したビジネスモデルの設計は、自社の営業活動の効率化と顧客満足の向上につながり、双方にメリットをもたらします。

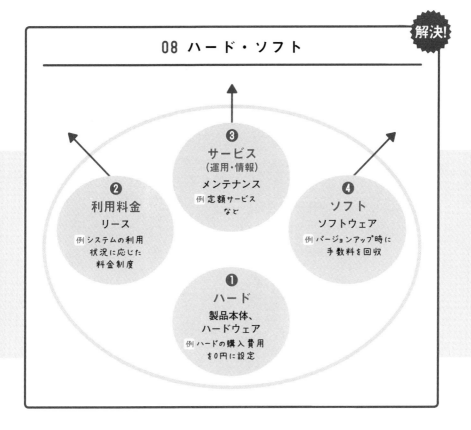

08 ハード・ソフト 解決!

❸ サービス
（運用・情報）
メンテナンス
例 定額サービス
など

❷ 利用料金
リース
例 システムの利用
状況に応じた
料金制度

❹ ソフト
ソフトウェア
例 バージョンアップ時に
手数料を回収

❶ ハード
製品本体、
ハードウェア
例 ハードの購入費用
を0円に設定

「ハードとソフト」が関連した販売戦略を立てるには、まずは顧客の現状を分析することから始めます。どれだけ高性能な新製品であっても、導入コストがかさむようなら、購入の決断はしないでしょう。そこでハードである製品を購入することなく新システムを導入できる方策として、ソフトを融合した販売戦略に転換します。

例えばアカルイ電気では、**❶ハードの購入費用0円に設定**します。**❷そしてシステムの利用状況に応じた**料金制や、**❸定額サービス**のような販売戦略を提供できれば、顧客は高額な導入コストの負担を軽減できます。会社側は、新システムの効果によって売上を伸ばせるかもしれません。また会社としても、高額製品を販売するストレスから解放され、**❹ソフトウェアのバージョンアップ時に手数料を回収**できれば、利益向上につながります。

このようにハードとソフトの融合により、顧客と自社の双方にメリットを創出できれば、ビジネスに新たな可能性を見出すことができます。

09

黒字化させるための方策を検討する

CVP分析
<ruby>シーブイピー</ruby>

よくあるビジネスの 問題

アカルイ電気では利益拡大と業務効率化のため、最新の設備を導入した。その甲斐あって売上は向上したものの、収益は前年度より低下。田中さんは経営陣から、今期中に収益を回復するための方策を考えるように迫られている…。

使い方
**損益分岐点を割り出し、
黒字化のための費用対策を練る**

財務分析には、**変動費と固定費、売上高から損益分岐点（赤字と黒字の境界点）を割り出す「CVP分析」**（Cost-Volume-Profit Analysis）**を活用**します。変動費は、経費や材料費など売上の増減に連動する費用。固定費は、人件費や設備維持費など売上の増減にかかわらず固定して発生する費用です。

損益分岐点を算出して黒字化させる施策を練りますが、黒字化には損益分岐点よりも多い売上が必要です。固定費が高いと損益分岐点も上がるので、固定費を抑えることが必要になります。

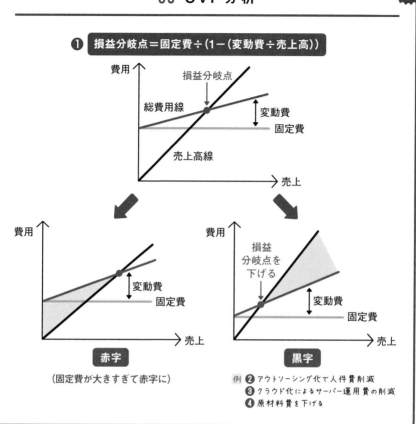

09 CVP分析

① 損益分岐点＝固定費÷（1－（変動費÷売上高））

費用

損益分岐点

総費用線

変動費

固定費

売上高線

→売上

費用

変動費

固定費

→売上

赤字

（固定費が大きすぎて赤字に）

費用

損益
分岐点を
下げる

変動費

固定費

→売上

黒字

例 ❷ アウトソーシング化で人件費削減
❸ クラウド化によるサーバー運用費の削減
❹ 原材料費を下げる

❶会社の費用には、固定費と変動費があります。正しく財務分析をするためにも、まずは２つの費用と売上高をもとに、損益分岐点を算出してみましょう。損益分岐点は、「固定費÷（1－（変動費÷売上高））」の公式で求めます。損益分岐点よりも売上高が少なければ赤字、多ければ黒字です。

例えばアカルイ電気では、大胆な設備投資によって固定費が跳ね上がり、それが損益分岐点を押し上げ収益低下を招いた場合、黒字化するには、売上をさらに上げるか、固定費・変動費を下げなければなりません。田中さんは急速な売上増は見込めないと判断し、**❷業務の一部をアウトソーシング化して人件費（固定費）を削減**し、**❸クラウド化によってサーバーの運用費（固定費）を削減**、**❹原材料費（変動費）を抑える**などの施策を検討しました。

10 独立関係・従属関係

ものごとの関係性を区別して意思決定する

よくあるビジネスの 問題

営業部の田中さんは、北東社のクレーム対応にかかりっきりで南西社への対応が遅れている。南西社の担当者に「北東社の対応で忙しくて」と伝えると、担当者は「それはウチには関係ない！」と怒り心頭に…。

使い方
独立関係と従属関係を意識して関係性を整理する

「独立関係と従属関係」を意識すると、ものごとの関係性を整理することができ、仕事の範囲や優先順位が明確になります。「独立関係」とは、2つのものごとに交わりがないこと。互いに影響しないので、個別に考えることができます。「従属関係」は、それぞれが関係し合うこと。一方に変化があれば、もう一方にも影響を与えるので、両者のバランスを考えなければなりません。

また、独立関係は項目を完全に分けられますが、従属関係なら同じ分類にできるため、情報整理にも役立ちます。

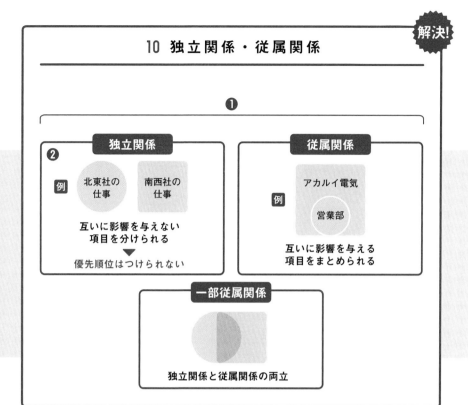

10　独立関係・従属関係

解決!

❶

独立関係

❷例

北東社の仕事　南西社の仕事

互いに影響を与えない項目を分けられる

▼

優先順位はつけられない

従属関係

例

アカルイ電気

営業部

互いに影響を与える項目をまとめられる

一部従属関係

独立関係と従属関係の両立

❶意思決定をする場面では、ものごとの関係性を考慮したうえで優先順位を明確にしなければなりません。関係性の整理に役立つのは、「独立関係」と「従属関係」の区別です。

　事例では、❷北東社と南西社はまったくの別会社ですから、両社は独立関係にあたります。南西社からすると、北東社の状況は自社には関係のないことで、北東社のクレーム対応が進捗遅れの理由だと話せば、担当者が機嫌を損ねるのも無理はありません。両社が独立関係である以上、対応が遅れている言い訳にはなりません。したがって、田中さんには**それぞれを区別した配慮のある対応**が求められます。

使い方のポイント | 独立関係と従属関係には、2つの関係が両立する「一部従属関係」もある。
例えば、社内で営業部と制作部を兼務する社員と、
どちらかに所属する社員がいる場合は「一部従属関係」、このうち
営業部と制作部の一方だけに所属する社員同士は「独立関係」にあたる。

第 **2** 章

問題発掘、テーマ化

ビジネスにおける問題の原因はひとつとは限りません。複数の原因が複雑に絡まり合っている場合もあります。問題解決を効率的に行うためには、真の原因を追求し、適切な解決策を導き出すためのフレームワークを選びましょう。

11 問題点を整理して業務を効率化する
ダラリの法則 ▶ **P72**

12 自社の得意分野を活かして事業を強化する
ドメイン（自分の領域） ▶ **P74**

13 事業を新陳代謝して業績を伸ばす
撤退⇔新規サイクル ▶ **P76**

14 製品の価値を把握して商品戦略を改善する
製品ライフサイクル ▶ **P78**

15 事実に基づいて適切に最終判断する
三現主義 ▶ **P80**

16 顧客視点を意識して販売戦略を立て直す
マーケティングの４Ｃ ▶ **P82**

17 社内外を意識して戦略の見落としを防止
３Ｃ・４Ｃ分析 ▶ **P84**

18 的外れな努力を避けて高い成果を得る
ペイオフマトリックス ▶ **P86**

19 優先順位を決めてゆとりと成果を両立する
重要性×緊急性 ▶ **P88**

20 ビジネスパートナーとベストな関係を構築する
Win・Loseモデル ▶ **P90**

問題点の整理

真の問題は何かを見極めることが問題解決の第一歩。問題を見つけるためにはどこに着目すればいいのかがわかるフレームワークを紹介します。

11 | ダラリの法則

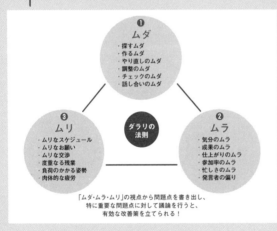

「ムダ・ムラ・ムリ」の視点から問題点を書き出し、
特に重要な問題点に対して議論を行うと、
有効な改善策を立てられる！

「ムダ・ムラ・ムリ」の3つの視点から、身の回りの問題点を探し出す方法。業務改善等に使用する。

15 | 三現主義

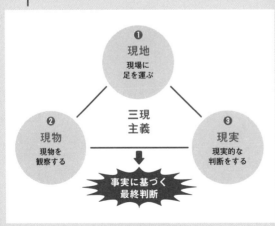

「現地・現物・現業」のこと。間接情報ではなく、実際に足を運んで事実に基づく判断をすることがポイント。

［ ドメインや製品の見直し ］

適切な事業戦略を立案するためには、自社のビジネスの領域や立ち位置、製品の強み・弱みを明らかにしておく必要があります。そのためのフレームワークを紹介します。

12 ドメイン（自分の領域）

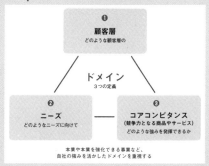

企業が経済活動を行う領域のこと。顧客層、ニーズ、コアコンピタンス（競争力となる強み）の3つの定義からなる。

13 撤退⇔新規サイクル

撤退と新規を繰り返し、事業の新陳代謝を図ることで企業は成長する。撤退のタイミングが決め手。

14 製品ライフサイクル

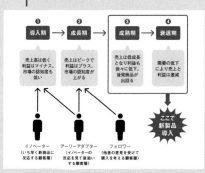

製品が誕生してから衰退し、消えるまでのサイクル。常に製品の若返りを図ることが利益向上のカギ。

20 Win・Loseモデル

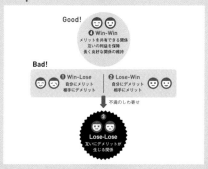

どちらかにデメリットがあるのが Win・Lose、双方にメリットがあるのが Win・Win の関係。

※「16〜19」は次ページ以降にあります。

マーケティング

マーケティングにおいては、市場や自社を取り巻く環境についてのリサーチや分析が不可欠です。そのために有効なフレームワークを紹介します。

16 | マーケティングの４C

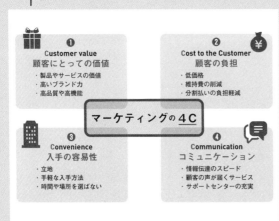

顧客にとっての価値、顧客の負担、入手の容易性、コミュニケーションがマーケティング成功のカギ。

17 | ３C・４C分析

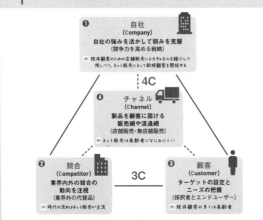

社内を、自社・競合・顧客の３つの視点（３C）から定義し、これにチャネルを加え（４C）現状分析をする。

優先順位の決定

限りある経営資源を適切に配分するためには、ものごとの優先順位をつけることが重要です。何を基準にして優先順位をつけるかによってフレームワークが異なります。

18 ペイオフマトリックス

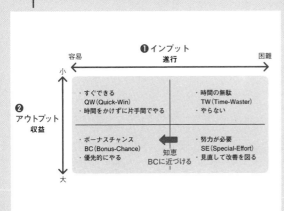

インプット（遂行）の難易を横軸、アウトプット（収益）の大小を縦軸にしたマトリックスで投資対効果を評価。

19 重要性×緊急性

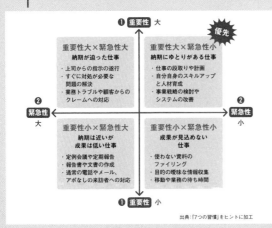

出典：『7つの習慣』をヒントに加工

重要性の大小、緊急性の大小の2軸でものごとを分類し、優先順位を決める。事業の効率化等に役立つ。

11

問題点を整理して業務を効率化する

ダラリの法則

よくあるビジネスの 問題

武田部長は、社内ミーティングで「業務の改善につなげるために、現状の問題点を発表しなさい」と指示を出すが、社員が出す問題点はどれも統一性がなく、業務改善につながらない…。

使い方
「ムダ・ムラ・ムリ」の3つの視点で問題点を洗い出す法則

「ダラリの法則」とは、「ムダ・ムラ・ムリ」の3つの視点から、日常の業務や身の周りで起きている問題点を探し出す法則です。「ムダ」は、チェックのムダや手間のかかるムダなどのことを指し、「ムラ」は、気分のムラや成果のムラなどが挙げられます。「ムリ」には、ムリなスケジュールやムリなお願いのほか、肉体的に負担のかかる業務や行動、姿勢なども含まれます。

社員それぞれが同じ3つの視点で問題点を洗い出すことができれば、問題意識の共有につながり、結果として会社全体の業務改善が期待できます。

11 ダラリの法則

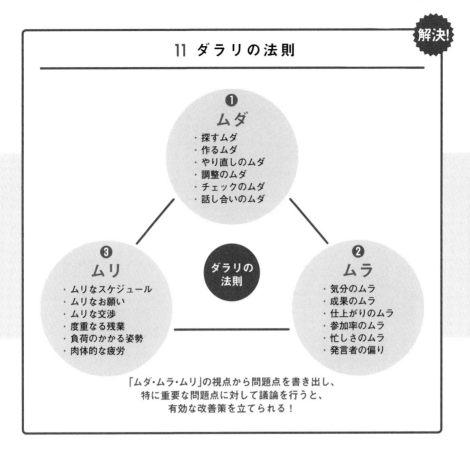

❶
ムダ
・探すムダ
・作るムダ
・やり直しのムダ
・調整のムダ
・チェックのムダ
・話し合いのムダ

❸
ムリ
・ムリなスケジュール
・ムリなお願い
・ムリな交渉
・度重なる残業
・負荷のかかる姿勢
・肉体的な疲労

ダラリの
法則

❷
ムラ
・気分のムラ
・成果のムラ
・仕上がりのムラ
・参加率のムラ
・忙しさのムラ
・発言者の偏り

「ムダ・ムラ・ムリ」の視点から問題点を書き出し、
特に重要な問題点に対して議論を行うと、
有効な改善策を立てられる！

　効果的な業務改善策を立てるためには、会社や社員が抱える問題点を同じ視点で集めると効果的です。同じ視点とは、「❶ムダ・❷ムラ・❸ムリ」の３つ。この３視点で問題点を整理するために便利なのが、付箋を使った方法です。まず、社員全員が匿名で「ムダ・ムラ・ムリ」の視点から、問題点をどんどん付箋に書き出します。次に書いたものを集めて、３つの視点に分類します。

　分類された問題点には、**重要度の高い順に５段階で点数をつけて評価します。評価の高い、もしくは重複した中でも特に重要な問題点を中心に絞り込んで議論を行えば、効率よく有効的な業務改善策を立てられる**ようになるでしょう。

使い方のポイント ｜ 普段の業務の中でも「ダラリの法則」を習慣化できれば、
　　　　　　　　　　 常に改善を意識する企業風土を構築できる。

自社の得意分野を活かして事業を強化する

12 ドメイン（自分の領域）

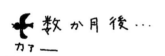

よくあるビジネスの 問題

アカルイ電気は事業拡大のため、大規模な先行投資を行った。巷で人気の高いドリンクの製造販売事業を開始したが、売上は一向に伸びない。社長は「売れない理由はないはずだ！」と担当社員に檄を飛ばすが、具体的な解決法は考えられていない…。

使い方
得意分野で優位に立つために ドメインを重視する

　企業が経済活動を行う領域のことを「ドメイン」と呼びます。ドメインには、①顧客層、②ニーズ、③コアコンピタンス（強みとなる商品やサービス）という3つの定義があり、本業を強化したり、新規事業を考えたりするときには、これらの定義を明確にして事業を進めることが重要です。

　どのような顧客層の、どのようなニーズに向けて、どのような商品やサービスの開発が必要かを見極めることが大切です。

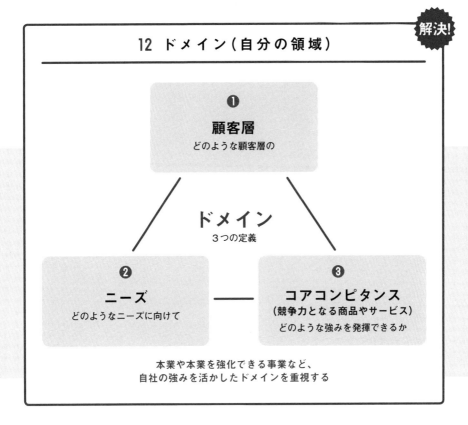

12 ドメイン（自分の領域）

❶
顧客層
どのような顧客層の

ドメイン
3つの定義

❷
ニーズ
どのようなニーズに向けて

❸
コアコンピタンス
（競争力となる商品やサービス）
どのような強みを発揮できるか

**本業や本業を強化できる事業など、
自社の強みを活かしたドメインを重視する**

　得意分野から遠くかけ離れた事業の推進は、勝算の見えない競争によって限りある経営資源が確実に浪費されていくだけです。自社のドメインが❶「顧客層」、❷「ニーズ」、❸「コアコンピタンス」の3つの定義を満たしていなければ、すでに業界をリードする競合他社には太刀打ちできません。

　市場での競争優位性を獲得するには、自社の得意分野であるドメインを基盤にした本業重視の戦略を立てるのがセオリーです。したがって、事業の拡大を目指して新規事業を展開するのであれば、**本業や本業の強化につながる周辺事業など、自社のドメインに適した分野から選択するのがよいでしょう。アカルイ電気のように、不慣れな分野へ安易に新規参入するのは得策とはいえません。**

使い方のポイント ｜ ドメインの範囲内での新規事業であっても、
　　　　　　　　　 既存事業との相乗効果が活かせないと判断できれば撤退も視野に入れる。

13

事業を新陳代謝して業績を伸ばす

撤退 ⇔新規サイクル

ゲームやアニメの人気に伴い、メディア事業部を立ち上げた玩具メーカーの遊社。一時は業績も好調だったが、ここ数年は赤字続きで、社員の多くは「もはや特化型の他社にかなうはずがない」とあきらめモード…。

使い方
市場に合わせて「撤退」か「新規」かを選択する

企業の成長には、成長戦略が必須。**成長戦略とは、「撤退」と「新規（拡大）」を繰り返し、事業の新陳代謝を図る**こと。外部環境の変化に適応するとともに、経営資源の有効活用にもつながります。撤退と新規の判断基準は2つあり、ひとつは外部要因。市場規模に縮小があれば撤退、市場の創造や既存市場の拡大があれば新規を選択します。もうひとつは内部要因で、不採算部門や衰退部門があれば撤退、経営資源のシナジー（相乗効果）を期待できれば新規が有効です。

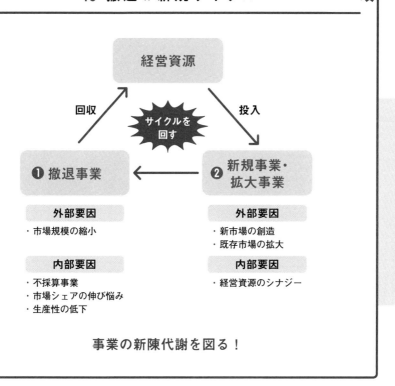

13 撤退⇔新規サイクル

解決!

経営資源

回収 投入

サイクルを
回す

❶ 撤退事業 ← ❷ 新規事業・
拡大事業

外部要因
・市場規模の縮小

外部要因
・新市場の創造
・既存市場の拡大

内部要因
・不採算事業
・市場シェアの伸び悩み
・生産性の低下

内部要因
・経営資源のシナジー

事業の新陳代謝を図る！

　企業を取り巻く環境は、2～3年で変化します。そのような状況下で業績を伸ばすには、❶「撤退」と❷「新規」のサイクルを回すことで、事業を新陳代謝させなければなりません。撤退と新規の判断基準は、外部要因と内部要因の2つに分けられます。

　玩具メーカーの遊社の場合は、内部要因である事業部門の不採算とシェアの縮小が問題です。**今後3年以内の黒字化が見込めないのであれば、早期に縮小か撤退の意思決定をするべきでしょう。不採算事業からの撤退により回収した経営資源は、例えば、近年ニーズが高まっている知育玩具事業を立ち上げる**など、成長分野に投入することができます。

使い方のポイント ｜ 撤退や縮小のほか、
　　　　　　　　　｜ 事業の買い手が現れれば、売却して資金を回収することも可能。

製品の価値を把握して商品戦略を改善する

14 製品ライフサイクル

高性能 電子レンジシリーズ
〜関西おかんver.〜

高性能 電子レンジシリーズ
〜秋田かっちゃver.〜

よくあるビジネスの 問題

高性能な家電製品に定評があるアカルイ電気だが、最近はマイナーチェンジを繰り返すだけで、売上も下降気味。開発部長の新井さんは、この状況から抜け出す方法を模索するが、よい策が見つからない…。

使い方
製品がたどるプロセスの段階を知り新商品投入の機会を見出す

「製品ライフサイクル」とは、製品が誕生してから消えるまでのプロセス。「導入期→成長期→成熟期→衰退期」の4段階があり、最も利益が上がるのは成長期。導入期は、新しいモノ好きのイノベーター（すぐに興味を示す顧客層）が飛びつき、次にアーリーアダプター（前者の反応を見る顧客層）が追随。成長期でフォロワー（他者の意見を気にする顧客層）が広がり一気に売上が拡大します。「導入期→成長期」の製品を増やすには、新製品の投入が不可欠です。

14 製品ライフサイクル

解決!

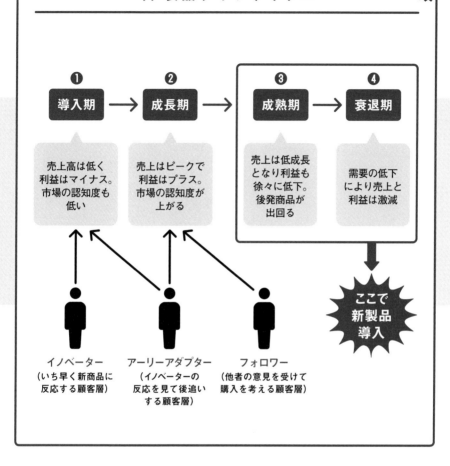

❶導入期 → ❷成長期 → ❸成熟期 → ❹衰退期

売上高は低く利益はマイナス。市場の認知度も低い

売上はピークで利益はプラス。市場の認知度が上がる

売上は低成長となり利益も徐々に低下。後発商品が出回る

需要の低下により売上と利益は激減

ここで新製品導入

イノベーター
（いち早く新商品に反応する顧客層）

アーリーアダプター
（イノベーターの反応を見て後追いする顧客層）

フォロワー
（他者の意見を受けて購入を考える顧客層）

　製品ライフサイクルには、❶「導入期」、❷「成長期」、❸「成熟期」、❹「衰退」の４段階があります。売上や利益を向上させるには、製品ライフサイクルの若返りが欠かせません。

　製品の若返り策は「新しい技術の導入」「新しい用途の開発」「イメージの若返り」「復刻版」「海外進出」の５つ。例えば冷蔵庫なら、AI を搭載し食材の食べ頃を知らせる（新技術）、災害時の備蓄に特化した製品の開発（新用途）など、さまざまな可能性が考えられます。アカルイ電気では、**各製品がライフサイクルのどの段階にあるのかを把握して、成長期の製品をいかに増やすか**を考えることが、売上拡大のポイントになります。

15

三現主義
（さんげんしゅぎ）

よくあるビジネスの 問題

イベント会社の社長が、来月開催する音楽祭の会場を訪れたが、その規模を見て唖然。「この広さでは、すべての来場者を収容できない！」と激怒している。企画チームは、どうやらインターネットの情報のみで会場を決定したようだ…。

使い方
仕事や問題解決は
「現地・現物・現実」を基に進める

「三現主義」とは、「現地・現物・現実」のことで、仕事や問題解決に取り組む際に思い込みにとらわれず、正しい意思決定をするために欠かせないセオリーです。「現地」とは、実際に現地に足を運ぶこと。五感と直感をフル活用し、現場を確かめます。「現物」は、物を観察すること。実際に見て触れたうえで、正当な評価を下します。「現実」は机上の空論で終わらせず、現実的な判断を下すこと。これらの情報を得るにはフットワークの軽さが必要です。

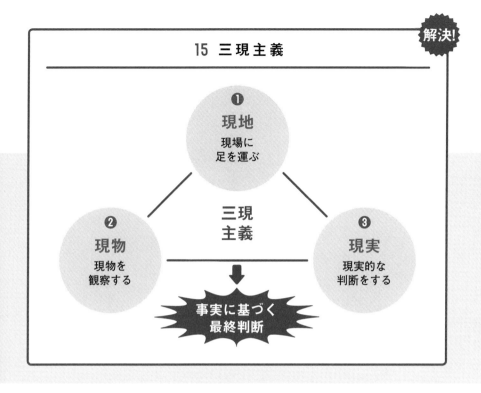

15 三現主義

解決！

① 現地
現場に
足を運ぶ

② 現物
現物を
観察する

三現
主義

③ 現実
現実的な
判断をする

事実に基づく
最終判断

三現主義は①「現地」、②「現物」、③「現実」のこと。インターネットは手軽に情報を入手できる便利なツールですが、最終的な意思決定を下す際は、実際に現地へ行って現物を確認し、ものごとを現実的に考える三現主義を実行しなければ、正しい判断はできません。

イベント会場の選定を例に挙げるなら、まずは会場へ足を運び、インターネットで得られた情報と照らし合わせる必要があるでしょう。たとえインターネット上の情報に記載された収容人数と予定来場者数が合致していたとしても、自身の目で実際に会場の規模を観察し、本当にふさわしい会場であるかを判断すべきでした。重要な意思決定は、予測や机上の空論だけですませることなく、企画チームでは**三現主義の現地・現物・現実に基づいた事実を踏まえて正しく判断する**とよかったでしょう。

使い方のポイント

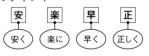

安	楽	早	正
安く	楽に	早く	正しく

効率的に仕事を進めるための考え方に
「安く・楽に・早く・正しく」の頭文字をとった、
「安楽早正」がある。

16 マーケティングの4C

よんシー

時代は変わり・・・

大安売り

今どき安けりゃいいってわけじゃないわよねぇ

よねぇ

よくあるビジネスの 問題

マーケティング担当の伊藤さんは、大胆な低価格路線を打ち出し、一時は売上を好転させたが、ここ数年は低迷が続いている。顧客が低価格に不満を持つはずはないと確信しているが、打開策を見出せない…。

使い方
マーケティングに欠かせない、顧客が求める4つの価値

「マーケティングの4C」とは、顧客にとっての価値（Customer value）、顧客の負担（Cost to the Customer）、入手の容易性（Convenience）、コミュニケーション（Communication）のことで、マーケティングを考えるうえでの重要な指標となります。

顧客は商品の購入にあたって、4つの価値のいずれか1つ以上を求めます。すべての顧客価値を高めるのは自社の利益圧迫につながるため、どのCを強化したら自社の弱みが改善され、競争力が高まるのかを考えます。

16 マーケティングの4C

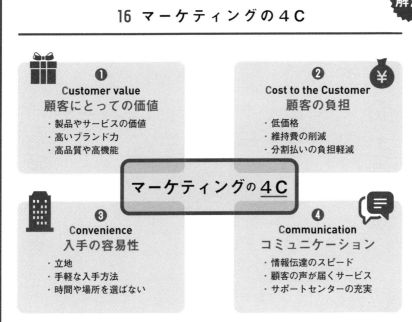

解決!

❶
Customer value
顧客にとっての価値
・製品やサービスの価値
・高いブランド力
・高品質や高機能

❷
Cost to the Customer
顧客の負担
・低価格
・維持費の削減
・分割払いの負担軽減

マーケティングの**4C**

❸
Convenience
入手の容易性
・立地
・手軽な入手方法
・時間や場所を選ばない

❹
Communication
コミュニケーション
・情報伝達のスピード
・顧客の声が届くサービス
・サポートセンターの充実

　マーケティングを考えるうえで重要となるのは、顧客の視点です。顧客はより価値の高いモノやサービスを選ぶため、マーケティング成功の鍵は4Cの強化にあります。4Cとは、❶「顧客にとっての価値」、❷「顧客の負担」、❸「入手の容易性」、❹「コミュニケーション」のことです。自社がどのCを強化すれば顧客価値を高められるかを分析しなければなりません。低価格の商品は、顧客の負担を軽減させるため、リピート率の向上に期待できるかもしれませんが、ブランド力を重視する顧客にとっては魅力が伝わりにくく、結果的には顧客価値を低下させる可能性もあります。

　例えば「顧客にとっての価値」を強化する場合は、高品質化やデザイン性の向上などによってブランド力を高め、既存の商品との差別化を図る、「コミュニケーション」を強化する場合は、ファンサイトを作ってお客様の生の声を集めるなど、不足しているCを補う方法を考えましょう。

使い方のポイント　│　4Cを通したマーケティングを考える際には、
　　　　　　　　　│　自社の経営資源がどのCに貢献できるかを認識する。

17

３C・４C分析
（さんシー　よんシー）

健康食品事業を展開するさわやかサプリ社は、流通コストの削減と顧客層の拡大を目的に、店舗販売を取りやめた。今後は全商品をネット上で販売するが、既存顧客の多くはネットになじみのない高齢者で、「買い方がわからない」という苦情が多発している…。

あら？いつもの商品が無い・・・困ったわ〜

使い方
戦略立案時の見落としを防ぐ４つの視点

トゥルルル！

えっ！そんなのできないわ！

インターネットのみの販売になりました

戦略を考える際のフレームワークの「３C分析」は、社内を自社（Company）、社外を競合（Competitor）と顧客（Customer）の３つの視点に分けて定義し、自社だけでなく社外にもしっかりと意識を向けます。マーケティングの強化を図る場合は、ここに**販売網や流通網を意味するチャネル（Channel）**を加えて「４C分析」とします。４つの視点で現状を分析し、いかに成功要因を導き出すかが戦略の成功を左右します。

トゥルルル

スミマセン！

17 3C・4C分析

解決!

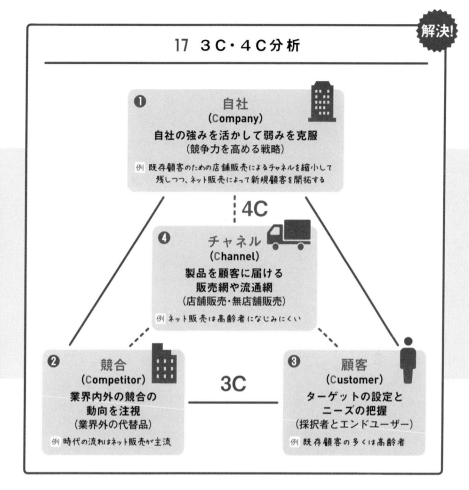

❶ 自社（Company）
自社の強みを活かして弱みを克服
（競争力を高める戦略）
例 既存顧客のための店舗販売によるチャネルを縮小して残しつつ、ネット販売によって新規顧客を開拓する

4C

❹ チャネル（Channel）
製品を顧客に届ける
販売網や流通網
（店舗販売・無店舗販売）
例 ネット販売は高齢者になじみにくい

❷ 競合（Competitor）
業界内外の競合の
動向を注視
（業界外の代替品）
例 時代の流れはネット販売が主流

3C

❸ 顧客（Customer）
ターゲットの設定と
ニーズの把握
（採択者とエンドユーザー）
例 既存顧客の多くは高齢者

　自社の利益と顧客の価値を共有し合い、互いが満足できるマーケティング戦略を立てるには、3C分析、❶「自社」、❷「競合」、❸「顧客」に、❹「チャネル」を加えた4C分析が必要です。

　例えば健康食品業界であれば、商品を実際に購入する顧客と、商品が手元に渡るまでのチャネルの視点を欠くわけにはいきません。店舗販売の中止の理由が、顧客層の拡大と流通コストの削減のためなら、それは既存顧客を捨てて時代の流れに則っただけの自社よがりな戦略といわざるをえません。さわやかサプリ社では、**現状のチャネルは縮小にとどめて、既存顧客と新規顧客の双方にやさしいチャネルを両立する**ことも視野に入れ、**4Cの視点で自社の方針がどのような影響を与えるかを認識**しましょう。

18

的外れな努力を避けて高い成果を得る

ペイオフ マトリックス

よくあるビジネスの 問題

社長は、自分が思いついた経営施策を手当たり次第に遂行しないと気がすまない。当然、すべてが高い成果につながるわけではなく、収益もさほど上がらないため、社員は無駄な努力を強いられていると感じている…。

使い方
インプットとアウトプットで
投資対効果を評価する

手間と成果の関係は、「インプット」と「アウトプット」を考えることで明確化できます。

つまり、インプットを手間、アウトプットを成果としてとらえれば、投資の効果やパフォーマンスの評価ができるため、**どうすれば手間を減らして高い成果につながるかを考える**ことになります。

また、インプットを「遂行の難易」、アウトプットを「収益の大小」で評価すると、会社の経営施策や課題の順位づけにも応用することができます。

18 ペイオフマトリックス

解決!

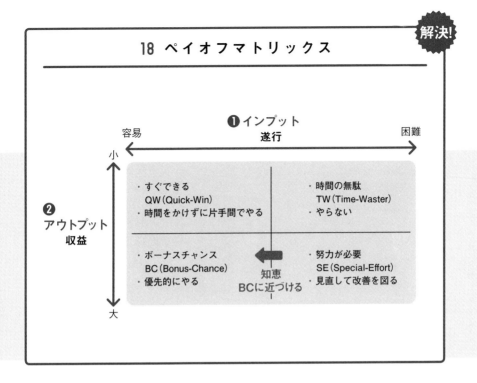

❶ インプット
遂行

容易 ←──────────→ 困難

❷ アウトプット
収益

小

- すぐできる
  QW（Quick-Win）
- 時間をかけずに片手間でやる

- 時間の無駄
  TW（Time-Waster）
- やらない

- ボーナスチャンス
  BC（Bonus-Chance）
- 優先的にやる

知恵
BCに近づける

- 努力が必要
  SE（Special-Effort）
- 見直して改善を図る

大

　経営施策や課題の遂行にあたっては、無駄な努力により収益が下がることを避けるためにも、投資対効果を重視して、いかに少ない手間で高い成果につなげるかを考えます。この投資対効果を考えるうえで役立つのが、❶「インプット」と❷「アウトプット」の「ペイオフマトリックス」です。

　ペイオフマトリックスとは、「インプットの遂行」の難易を横軸に、「アウトプットの収益」の大小を縦軸に配したマトリックスで、施策や課題を落とし込んでいくことで、それぞれの位置関係によって投資対効果を検証できます。例えば会社は、**「遂行が困難で収益も小さい」施策であれば「時間の無駄」になるため控えたほうがいいと判断できますし、逆に「遂行が容易で収益も多い」のであれば、ボーナスチャンスととらえ、優先的に進めていくべきで、**結果として高い成果につながります。

使い方のポイント　｜　インプットとアウトプットの視点は、
購入代金がインプット、欲しい商品がアウトプットというように、
仕事だけでなく世の中のあらゆる事象に適用できます。

重要性×緊急性

田中さんは、どんな業務にも全力を注ぐ！

それほど重要でもない案件に忙殺されることがある

ネコ部長のお相手time

田中くんこれもよろしく

田中くんこれお願い

全部をこなす時間がない

どしたらええんちゃい！？

よくあるビジネスの（問題）

田中さんは、どんな業務にも全力を注ぎ、それほど重要でもない案件に忙殺されることが多々ある。上司からは次々と仕事を振られるが、田中さんには仕事をこなす時間的な余裕がない…。

使い方
**重要性と緊急性を掛け合わせて
仕事の優先順位を明確にする**

仕事は、重要性と緊急性の大小によって分類することができます。緊急性の高い仕事には最優先で取り組まなければなりません。しかし、重要性の大小を軽視して計画を立てると、時間にゆとりが持てず、新しい仕事を受け入れる余地もなくなってしまいます。

仕事で時間的なゆとりと成果を獲得するには、重要性と緊急性の掛け合わせにより、優先順位を明確にします。時間的な負担が大きい「重要性大×緊急性大」の仕事を減らし、「重要性大×緊急性小」の仕事を増やすことで、ゆとりと成果の両立につながります。

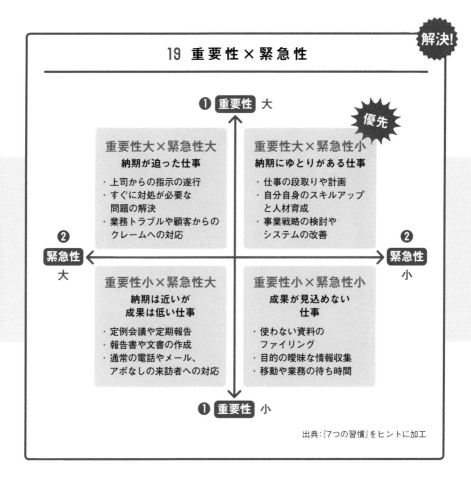

19 重要性 × 緊急性

❶ 重要性 大

優先

重要性大×緊急性大
納期が迫った仕事
・上司からの指示の遂行
・すぐに対処が必要な
　問題の解決
・業務トラブルや顧客からの
　クレームへの対応

重要性大×緊急性小
納期にゆとりがある仕事
・仕事の段取りや計画
・自分自身のスキルアップ
　と人材育成
・事業戦略の検討や
　システムの改善

❷ 緊急性 大 ← → **緊急性 小**

重要性小×緊急性大
納期は近いが
成果は低い仕事
・定例会議や定期報告
・報告書や文書の作成
・通常の電話やメール、
　アポなしの来訪者への対応

重要性小×緊急性小
成果が見込めない
仕事
・使わない資料の
　ファイリング
・目的の曖昧な情報収集
・移動や業務の待ち時間

❶ 重要性 小

出典：『7つの習慣』をヒントに加工

解決!

　仕事の優先順位を決めるには、❶「重要性」と❷「緊急性」の大小を組み合わせたマトリックスを活用します。横軸を「緊急性」の大小、縦軸を「重要性」の大小として、現状の仕事を４つに分類してみましょう。

　田中さんへの回答です。下段左に配された**「重要性小×緊急性大」の仕事は、すきま時間に短時間ですませる**のが理想です。一方下段右の**「重要性小×緊急性小」の仕事は、急いで片付けても大きな成果を生む可能性が低く、状況によっては保留**にします。

　反対に**優先すべきなのは、上段右の「重要性大×緊急性小」の仕事**です。**この仕事を前倒しで進めて緊急性を上げないようにすれば、時間的なゆとりと高い成果の両立が可能**になります。仕事の重要性に応じて時間的なメリハリをつけ、日々の忙殺から解放されましょう。

20

Win・Lose モデル

<small>ウィン ルーズ</small>

よくあるビジネスの 問題

製品の卸先であるあけぼのマーケットは、正当な理由もなく、無理な値下げを要求。営業担当の田中さんは、「長く良好な関係を続けてきたんだから仕方ない」と思いつつ、このまま取引を続けるべきか悩んでいる…。

使い方
WinとLoseの視点で
互いの関係を評価し、改善を図る

　自分にとってメリットがある関係であれば Win、デメリットがあれば Lose と表す「Win・Lose」は、個人間でも企業間でも使える視点です。例えば自分にメリットがあり、相手にデメリットがある関係なら Win-Lose、逆であれば Lose-Win のように、Win と Lose を組み合わせることで互いの関係を客観的に評価できます。

　もし、一方あるいは双方にデメリットがあるなら、互いにメリットがある Win-Win を目指すか、取引を終了するなど、関係の見直しを検討します。

20 Win・Loseモデル

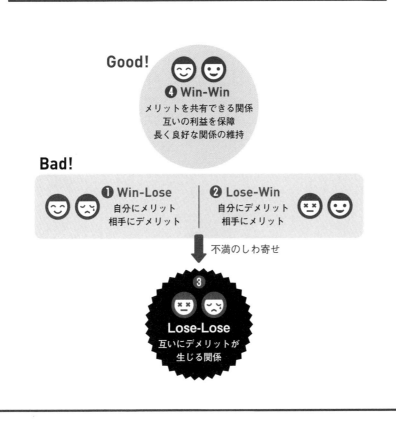

Good!

❹ Win-Win
メリットを共有できる関係
互いの利益を保障
長く良好な関係の維持

Bad!

❶ Win-Lose
自分にメリット
相手にデメリット

❷ Lose-Win
自分にデメリット
相手にメリット

不満のしわ寄せ

③ Lose-Lose
互いにデメリットが
生じる関係

どちらか一方が Lose である以上、両者の関係は平等とはいえません。そればかりか、❶「Win-Lose」や❷「Lose-Win」の関係が続けば、Lose 側が不満を募らせ、そのしわ寄せによって相手の Win を消滅させる可能性もあり、結果的に❸「Lose-Lose」の関係に陥る恐れがあります。したがって、長く良好な関係を維持できるよう、互いにメリットを分かち合える❹「Win-Win」の関係を目指したいところです。

あけぼのマーケットでは、まずは相手が要求する値下げの理由を確認したうえで、双方に大きなデメリットが生じないよう、==希望額の半値を提示するなどの妥協案を模索==しましょう。相手があくまでも自社の Win のみを求めるようであれば、==取引を終了する No Deal も視野に==入れなければなりません。

第 **3** 章

アイデアを
出す

ユニークなアイデアを出し続けることは、企業が生き残るための必要条件です。しかし、場当たり的にアイデアを発散するだけではすぐに枯渇してしまいます。フレームワークを使えば誰でも簡単にたくさんのアイデアを出すことができます。

21 効率のよいアイデア出しで最適な案を導く
発散→収束の思考 ⋯⋯⋯⋯⋯ ▶ **P98**

22 左脳と右脳をフル稼働して問題解決力を高める
左脳モード⇔右脳モード ⋯⋯ ▶ **P100**

23 業務自体を「なくす」ことから改善を考える
E・C・R・S ⋯⋯⋯⋯⋯⋯⋯⋯⋯ ▶ **P102**

24 徹底した原因究明で問題を根本的に解決
Why分析 ⋯⋯⋯⋯⋯⋯⋯⋯⋯ ▶ **P104**

25 正反対の視点から問題を解決する
リバースシンキング ⋯⋯⋯⋯ ▶ **P106**

26 3方向の案から最適な解決策を選択する
オプションアプローチ ⋯⋯⋯ ▶ **P108**

27 効果的な戦略で事業拡大に成功する
PMマトリックス ⋯⋯⋯⋯⋯ ▶ **P110**

28 外部環境を把握してビジネスチャンスを逃さない
イノベーションの7つの機会 ▶ **P112**

29 複数のデータから結論を導き出す
帰納法 ⋯⋯⋯⋯⋯⋯⋯⋯⋯⋯⋯ ▶ **P114**

30 大前提をもとに解決策へたどり着く
演繹法 ⋯⋯⋯⋯⋯⋯⋯⋯⋯⋯⋯ ▶ **P116**

［ アイデア出し ］

フレームワークを用いることで、発想を広げたり、視点を変えたり、考え方を変えることができ、よいアイデアが生まれやすくなります。

21 ｜ 発散→収束の思考

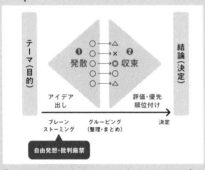

「発散」ではできるだけ多くのアイデアを出し、「収束」ではその中から絞り込む。企画会議でよく使われる。

22 ｜ 左脳モード⇔右脳モード

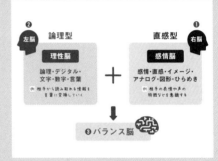

論理を司る左脳、感情を司る右脳の両方をバランスよく使うことで企画力や問題解決力を向上させる。

25 ｜ リバースシンキング

逆転の発想。ものごとを一方向だけから見るのではなく、正反対から考えて思考の死角を発見する思考法。

業務の改善

業務を改善するためには、思い切った発想の転換で、思い込みや先入観を捨てる必要があります。そのためのフレームワークを紹介します。

23 │ E・C・R・S

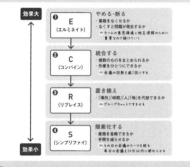

「やめる、統合する、置き換える、簡素化する」の頭文字。業務改善策等を考えるときに役立つ思考プロセス。

24 │ why分析

「なぜ？」と問い続けることで失敗の原因を突き止める手法。再発防止につながる根本対策を見出す。

26 │ オプションアプローチ

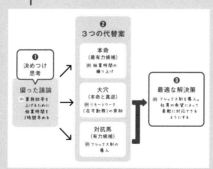

「本命・大穴・対抗馬」に当てはめて、3つの代替案を考えること。思い込みを打開し新たな解決策を見出す。

業務革新の戦略

自社が競争に勝つためにはどのように戦うべきか、漏れなくダブりなく現状を分析し、戦略を検討するために役立つフレームワークを紹介します。

27 | PMマトリックス

❷ 製品（Product）		
	❸ 既存製品	❹ 新規製品
❸ 既存市場	**市場の浸透** 顧客の購買額や購買頻度を高める。しかし、これだけで成長を持続するのは難しい	**新製品の開発** 既存の顧客に向けて新しいサービスを提供。新規製品を市場に次々投入し続けて成長をねらう
❹ 新規市場	**新市場の開拓** 顧客ターゲットや販売エリアを広げる。これまで未参入だったエリアや顧客を開拓するほか、顧客の新しい属性を開拓する方法もある	**経営の多角化** 新市場に新製品を展開する。市場も製品も新しいため、新しい知識や技術、経営資源が必要。成功は難しいといわれる

（左側縦軸）❶ 市場（Market）

市場（M）を縦軸、製品（P）を横軸にし、それぞれ既存と新規に分けたマトリックス。戦略立案の際に使用。

28 | イノベーションの7つの機会

イノベーション 技術の開発と社会的に大きな変化をもたらす新たな価値	
タクシー業界の場合	
産業の内部にある機会	産業の外部にある機会
予期せぬこと （予期せぬ成功と失敗） 例）ドライブレコーダーが車内の防犯に役立つ	**人口構造の変化** （人口の変動、年齢構成、職業分布） 例）高齢化社会の進展
ギャップの存在 （技術、業績、認識などの理想と現実の乖離） 例）ドライバーの高齢化、勤務の不透明性	**認識の変化** （ものごとの受け止め方） 例）ライドシェアや白タクの利用
ニーズの存在 （ニーズの明確化と充足） 例）人口減少に伴う売上の減少	**新しい知識の獲得** （発明や発見） 例）IT技術の進歩、自動運転車の導入
産業構造の変化 （技術、ベンチャー、アウトソーシング） 例）配車アプリの導入	

ドラッカー博士が提唱した、新規ビジネス参入の際に把握するべき、企業内外の7つの機会。

結論を導き出す

さまざまな事象から結論を導くアプローチ（帰納法）、仮説や一般的な傾向から結論を導くアプローチ（演繹法）があります。状況に合わせて使い分けることが肝心です。

29 | 帰納法

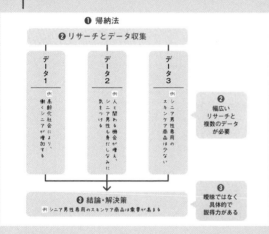

幅広くリサーチし、多くのデータを収集したうえで、結論を導く手法。結論は、具体的で説得力がある。

30 | 演繹法

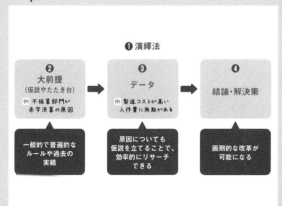

まず仮説を立ててからリサーチするアプローチ法。方向性を間違えないためには仮説が重要。

21 発散 → 収束の思考

効率のよいアイデア出しで最適な案を導く

よくあるビジネスの 問題

アカルイ電気の企画会議。アイデアが出てきても、あまり面白みがなかったり、長い時間をかけて話し合ってもアイデアが絞り込めなかったりと、有意義な会議とは言い難い状況が続いている…。

使い方
自由にアイデアを出して珠玉のひとつを絞り込む

「発散→収束」は、アイデアを広げて問題解決を考えるためのプロセスです。

「発散」では、どんな意見も批判をせず、できるだけ多くのアイデアを出します。「収束」は、たくさんのアイデアの中から見込みのあるアイデアを見つけ絞り込む作業です。

「発散→収束」は、「アイデア出し→評価」とも言い換えられ、「考えるプロセス」と「チームで合意をとるプロセス」の2つの用途に用いることができます。

21 発散→収束の思考

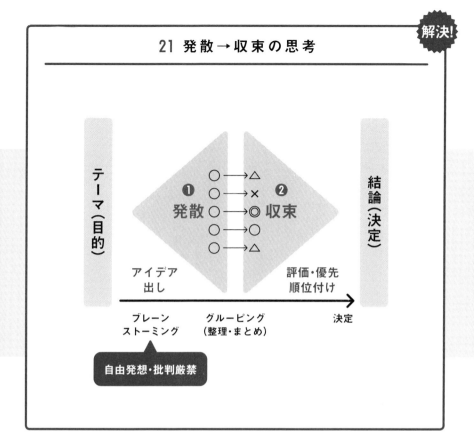

テーマ（目的）

❶ 発散 ── **収束 ❷**

アイデア
出し

評価・優先
順位付け

結論（決定）

ブレーン
ストーミング

グルーピング
（整理・まとめ）

決定

自由発想・批判厳禁

　新規性のある企画は、たくさんのアイデアの中から生まれるものです。アイデアを広げるのに効果的なプロセスは「発散→収束」です。アカルイ電気の企画会議で考えてみましょう。

　まず❶「発散」では、**チーム全体でアイデア出しのみに専念するブレーンストーミング**を行います。ブレーンストーミングとは、複数人が自由にアイデアを出す手法で「固定観念を捨てて、躊躇しない」「質より量を重視」「批判・議論・説明はしない」「人のアイデアをヒントに発想する」「アイデアは箇条書きする」という5つのルールがあります。

　次に❷「収束」ですが、**集まったアイデアを全員で評価し、評価が高かったアイデアに優先順位をつけます。ここで初めて有望なアイデアを絞り込む**ことになります。このように、発散と収束を分けて行うことで、効果的な企画立案ができます。

左脳と右脳をフル稼働して問題解決力を高める

左脳モード
⇔右脳モード

田中さんは情報を整理したり、系統立てて結論づけたりすることは得意だが、失敗したくないという気持ちが強く、自分のアイデアを出したり、思い切って行動したりすることができない、いわば左脳タイプ。どうしたら右脳もバランスよく使って、ビジネスマンとして成長できるだろうか…。

使い方
発想力が豊かな右脳モードと
論理的で冷静な左脳モード

右脳は、感情や直感、イメージやひらめきなどを司る感情脳、左脳は理性や論理、文字や言葉などを司る理性脳といわれます。そのため、右脳がよく働き発想力が豊かな人は「右脳タイプ」、左脳の働きが強く理論的な人は「左脳タイプ」といえます。

多くの人は右脳か左脳のどちらかのモードに偏りがちですが、2つのモードをバランスよく使うことで、企画力や問題解決力を高めることができます。

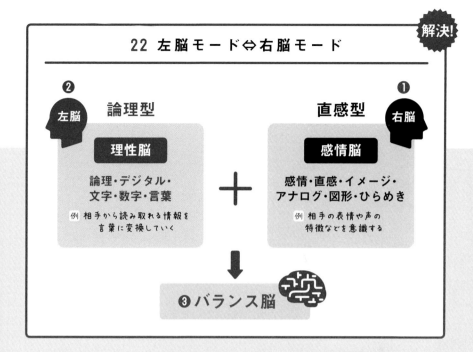

解決!

22 左脳モード⇔右脳モード

❷ 左脳 論理型

理性脳

論理・デジタル・
文字・数字・言葉

例 相手から読み取れる情報を
言葉に変換していく

❶ 右脳 直感型

感情脳

感情・直感・イメージ・
アナログ・図形・ひらめき

例 相手の表情や声の
特徴などを意識する

+

❸バランス脳

　右脳と左脳にはそれぞれに得意な分野があり、役割が決まっていますが、私たち一人ひとりも利き手と同じように、どちらかの脳を偏って使っている傾向があります。

　❶右脳モードに偏っている人は、直感やひらめきに頼って行動する傾向があり、ものごとを冷静に分析して対処することが苦手です。❷左脳モードに偏っている人は、冷静であるがゆえに思い切った行動を控えがち。

　理想的な脳の使い方は、右脳モードと左脳モードを同時に働かせ、第3の脳といわれる❸「バランス脳」を生みだすことです。バランス脳は、2つの脳の組み合わせによって判断能力と思考能力を向上させる、優れた脳モードです。

　田中さんの場合、右脳と左脳を同時に使うのが難しいなら、**アイデアを考えることで右脳を使い、それを評価することで左脳を使う**というように、**2つの脳を交互に使用する習慣をつければ、バランス脳を生みやすくなります**。例えば、まず**仕事相手の表情や声の特徴などを意識し**、次にそこから何**が読み取れるのかを言葉に変換していく**、ということも右脳と左脳をバランスよく使うことにつながります。

23

業務自体を「なくす」ことから改善を考える

E・C・R・S
イー　シー　アール　エス

社長の命により
毎日のように開く会議

半分以上が雑談だったり・・・

前の会議で議論されたことの
繰り返しだったり・・・

デジャヴ？

昨日も
話したよな

キレイ美容の
PB商品の
発売日だけど

ほんまに
毎日
会議を開く
必要性
あるんかーい！

ゴメンナ サイ！

って、
やってみたい・・・

よくあるビジネスの 問題

アカルイ電気では、社長の命により毎日のように営業会議が開かれるが、話す内容の半分以上が雑談だったり、前の会議で議論されたことの繰り返しだったりすることが多い。リーダーの田中さんは、会議の必要性に疑問を感じている…。

使い方
業務の必要性や改善策を「E→C→R→S」の順に検討する

「E・C・R・S」とは、業務の改善を検討する際に役立つ、4つの視点の優先順位です。最上位のEはエルミネイト（やめる・断る）、Cはコンバイン（統合する）、Rはリプレイス（置き換え）、Sはシンプリファイ（簡素化する）を意味し、業務を「E→C→R→S」の順に考えることで、必要性の確認や効果の高い改善策の考案につながります。

まずは「本当にそれが必要なのか」問いかけたうえで、統合→置き換え→簡素化の順番に検証します。

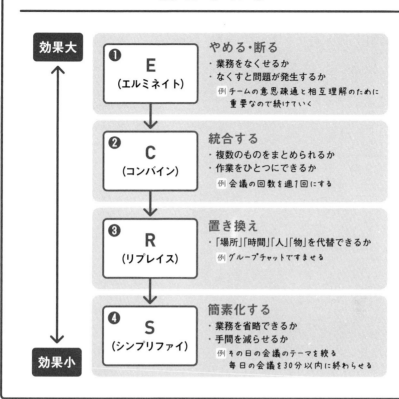

23 E・C・R・S

解決！

効果大		
❶ **E**（エルミネイト）	**やめる・断る** ・業務をなくせるか ・なくすと問題が発生するか 例 チームの意思疎通と相互理解のために重要なので続けていく	

❷ **C**（コンバイン）
統合する
・複数のものをまとめられるか
・作業をひとつにできるか
例 会議の回数を週1回にする

❸ **R**（リプレイス）
置き換え
・「場所」「時間」「人」「物」を代替できるか
例 グループチャットですませる

❹ **S**（シンプリファイ）
簡素化する
・業務を省略できるか
・手間を減らせるか
例 その日の会議のテーマを絞る
毎日の会議を30分以内に終わらせる

効果小

　多くの人は、現在の業務を残したまま改善策を模索するため、4番目のS（簡素化）から考えようとしますが、「❶E・❷C・❸R・❹S」では、最も優先順位の高いE（やめる）から考えます。つまり、「なくしても問題ないのではないか」と問いかけることから始めるのです。

　しかし、冒頭の事例に挙げた会議はE（やめる・断る）では、**チームの意思疎通と相互理解のために重要な場**であることを考えると、完全にやめてしまうことは得策ではありません。会議の存続を前提に、時間と労力の削減を考えたいところです。そこで次のC（統合する）では、「**会議の回数を週1回にする**」、R（置き換え）では「**グループチャットですませる**」のように順番に考えていき、最後にS（簡素化する）で「**毎日の会議を30分以内に終わらせる**」などを検討し、効果的な改善策を考えます。

ツール 24
徹底した原因究明で問題を根本的に解決
Why分析
（ホワイ）

よくあるビジネスの 問題

営業部の吉田さんは、取引先からのクレームが発生するたびに、謝罪を重ねてどうにかやり過ごしている。だがクレームの件数は一向に減る気配がなく、対応にうんざりする毎日が続いている…。

使い方
どんな結果にも
必ず発生の原因が存在する

　結果が成功であっても、失敗であっても、その根底には必ず原因が存在します。結果が失敗であれば、たとえ一時的な回避策をとっても、根本的な原因を取り除かないかぎり、類似の問題が発生し失敗を繰り返すだけです。

　失敗の再発を防止するためには、徹底した原因究明が不可欠ですが、その方法として最適なのが、結果に対して「Why？（なぜ）」と問いかけることです。「なぜそうなったのか？」と考え続けることで、問題の根本的な原因を取り除くことができます。

24 Why分析

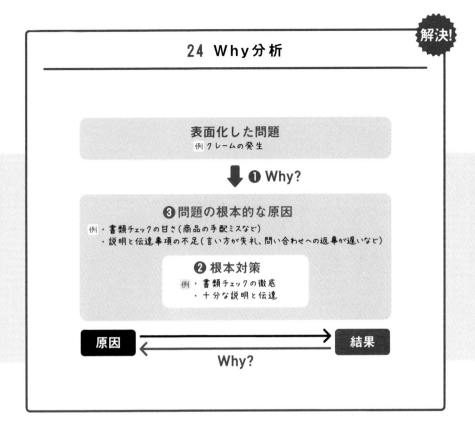

問題が発生したら、結果だけに一喜一憂することなく、「why分析」を使って問題の根本的な原因を取り除き、再発防止を目指します。

ひとつひとつのトラブルは、表面化した問題に過ぎず、これらが発生するたびに対処していたのでは、根本的な問題解決はできませんし、次から次へと類似した問題が発生することになります。原因を究明するためにも、いったん立ち止まって❶「Why?」と問いかけてみましょう。

問題の本質にたどりつくためには、**最低5回の繰り返しが推奨されています**。例えば、クレームが頻発する問題が生じたなら、クレーム件数をゼロにすることが❷根本対策です。**「なぜクレームが発生するのか？」**と問いかけることで、**書類チェックの甘さから商品の手配ミスが生じていることや、事前の説明不足によってお客様に不満を抱かせてしまう**など、❸根本的な原因が見えてきます。「Why?」の繰り返しによって浮き出た原因を取り除いていくことができれば、真の問題解決となり、再発防止につながります。

25 リバース シンキング

正反対の視点から問題を解決する

よくあるビジネスの 問題

全国のリゾート地を中心にホテル事業を展開する列島計画社。老朽化が進むホテルも多く、宿泊客からは、「古臭い」「汚い」と指摘され、収益も下降気味。多くの株主は「建て替えか取り壊しを急ぐべき」と主張するが、どちらも莫大なコストがかかるため、なかなか決断に至らない…。

使い方
**思考の死角を発見して
モレやダブリをなくす発想法**

ものごとを一方的に考えていても、解決策や打開策にたどり着けないとき、偏った思考から脱するために活用したいのが「リバースシンキング（逆転の発想）」です。これは、ものごとを正反対から考えて、思考の死角を発見する発想法です。ハードとソフト、＋要因と－要因というように正反対から考えることで、モレやダブリがないかという視点で、ものごとの全体像を正しくとらえることができます。

25 リバースシンキング

❷ 逆転の発想

・社内
・存続
・高価格
・質
・＋要因

❶ 正反対の視点

・社外
・廃止
・低価格
・量
・一要因

　偏った思考で打ち出した打開策には、必ずモレやダブリが生じます。モレがあればチャンスを失い、ダブリがあれば無駄や混乱を招く可能性があるため、いったん偏った考えを捨て、問題を❶正反対の視点でとらえ、❷逆転の発想で考えます。これが「リバースシンキング」です。莫大なコストをかけて建て替えたりしなくても、増収のチャンスをつかめる策を模索します。

　列島計画社で考えたいのは、**最近人気の高まっている、ペットの同伴が可能なホテルへの転換**です。老朽化した部屋をペット向けの設備を備えた部屋にリノベーションすれば、建て替えよりも低いコストで他のホテルと差別化ができ、ペット愛好家のニーズをつかむことができます。ほかにも、**古さを生かしてレトロな雰囲気にリノベーションする、バリアフリーを完備して障害者や高齢者にもやさしいホテルにする**、などが考えられます。ホテルに限らず、商品開発で低価格競争から抜け出すために、例えば通常よりも高い価格帯で素材にこだわった商品を企画するのも逆転の発想です。ものごとを正反対の視点で考えれば、思わぬ打開策を打ち出すことが可能になります。

26

３方向の案から最適な解決策を選択する

オプションアプローチ

よくあるビジネスの 問題

「業務効率を上げるためには午前中に集中するべき」と考える社長は、全社員を対象に始業時間を2時間早める方針を発表。しかし多くの社員は戸惑い気味で、むしろ始業時間を遅くしてほしいと希望する者もいる…。

使い方
ひとつの案や考えに固執せず、可能性の幅を広げる

最適な解決策にたどり着くためには、さまざまな可能性を見出して選択肢を広げる必要があります。そこで役立つのが「本命・大穴・対抗馬」に当てはめて、少なくとも３つの代替案を用意する方法です。最有力候補である本命と、真逆の発想である大穴、それに本命の次に有力な対抗馬の３つを用意すれば、本命の解決策だけでは見抜けなかった問題にも気づくことができます。それぞれのプラス面とマイナス面を加味しながら改善することで、新たな解決策が生まれることもあります。

26 オプションアプローチ

解決!

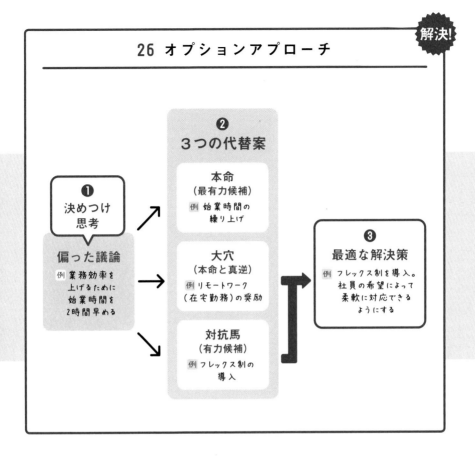

「これしかない！」という❶決めつけ思考から脱して、本当の目的に見合った解決策を見出すためにも、❷3つの代替案「本命・大穴・対抗馬」を用意して選択肢を広げてみましょう。まずは「どうして解決策が必要なのか」という目的について考えてみます。目的を明確にしなければ、選択肢をいくつ増やしても、それらを冷静に評価できず、最適な解決策からは遠ざかるだけです。

　冒頭の事例の場合は、**「朝早く出社する」**のではなく**「業務効率を上げる」ことが目的**です。すべての社員が午前中に集中できるとは限りません。そこで、本命として**「始業時間の繰り上げ案」**は残しつつ、**「フレックス制の導入」**を対抗馬に、**「リモートワークの奨励」**を大穴に据えた3案をもとに議論を重ねます。その結果において、「フレックス制の導入」を決めるなど、❸最適な解決策を見つければよいのです。

27

PMマトリックス
ピー エム

売上は安定している

わが社の主力商品は、知名度が高く

みんな大スキ！

うまかバー

バーン

しかし、さらなる成長となると難しそう

なんだよね〜

新市場開拓か！

新製品開発か！

名著よね〜♡

問題解決 フレームワーク70

ということで、この本買いました！

よくあるビジネスの 問題

製菓会社カンミ社の主力商品は、子どもをメインターゲットにしたスナック菓子。知名度が高く、売上は安定しているが、さらなる成長は難しそうだ。マーケティング担当の菅野さんは、売上拡大につながる戦略を模索している…。

使い方
事業拡大のための
効果的な戦略を見極める

「PMマトリックス」は事業拡大を企画する際の有効な指針となります。縦軸に「市場（Market）」、横軸に「製品（Product）」をとり、それぞれを「既存」と「新規」に分けて４つに分類し、考えられる戦略をそれぞれのマトリックスに記入していきます。

事業拡大の成功のポイントは、市場と製品のどちらかを既存にすること。両方とも既存では新たな成長は困難であり、両方とも新規では顧客も製品もゼロからのスタートになるため、成功は難しくなります。

27 PMマトリックス

❷ 製品（Product）		
	③ 既存製品	④ 新規製品
❶ 市場（Market） ③ 既存市場	**市場の浸透** 顧客の購買額や 購買頻度を高める。 しかし、これだけで 成長を持続するのは難しい	**新製品の開発** 既存の顧客に向けて 新しいサービスを提供。 新規製品を市場に 次々投入し続けて成長をねらう
❶ 市場（Market） ④ 新規市場	**新市場の開拓** 顧客ターゲットや 販売エリアを広げる。 これまで未参入だったエリアや 顧客を開拓するほか、顧客の 新しい属性を開拓する方法もある	**経営の多角化** 新市場に新製品を展開する。 市場も製品も新しいため、 新しい知識や技術、 経営資源が必要。 成功は難しいといわれる

「PMマトリックス」は、❶「市場」と❷「製品」に対してそれぞれ❸「既存」と❹「新規」の4つに分類して戦略を立てていくものです。

　カンミ社のスナック菓子の現在の立ち位置は、製品も市場も「既存」の位置にあるといえます。PMマトリックスに則って成長戦略を考えるなら、製品を新しくするか、市場を新しくするかのどちらかになります。

　製品を新しくするには、開発や製造のコストが新たにかかります。市場を新しくするには、市場開拓のために人員を投じる必要が生じます。製品も市場も新しくする場合は、両方のコストが一度にかかることになります。カンミ社の菅野さんは**双方の可能性を検討したうえで、新製品開発の道を選択し、健康志向の大人を対象とした、ヘルシースナック菓子を開発**するなどで売上拡大につなげてはどうでしょうか。

使い方のポイント ｜ 経営の多角化をねらうなら、
自社の独自開発の前に、他社との連携や買収のほうが
成功率が高いといわれる。

28 イノベーションの7つの機会

外部環境を把握してビジネスチャンスを逃さない

よくあるビジネスの 問題

老舗タクシー会社のサン交通では、乗客数の減少に伴い、売上の低下が深刻化している。しかし社長は、特に現状を不安視している様子もなく、これまでの経営方針を貫くかまえだ。一方で、社員の多くは「時代にマッチした打開策が必要なのでは?」と考えている…。

使い方
産業の内外部を注視して
イノベーションの機会をつかむ

　企業が生き残るためにはイノベーション(変革)が必須。そのヒントとなるのが、経営学者のドラッカー博士が提唱した「イノベーションの7つの機会」です。企業内部における機会は「予期せぬ成功と失敗」「ギャップの存在」「ニーズの存在」「産業構造の変化」の4つ。それに対して外部の機会は「人口構造の変化」「認識の変化」「新しい知識の獲得」の3つです。新しいビジネスチャンスをつかむには、この7つの機会の把握が欠かせません。

28 イノベーションの７つの機会

解決!

イノベーション
技術の開発と社会的に大きな変化をもたらす新たな価値

タクシー業界の場合

産業の内部にある機会	産業の外部にある機会
予期せぬこと （予期せぬ成功と失敗） 例 ドライブレコーダーが車内の防犯に役立つ	**人口構造の変化** （人口の変動、年齢構成、職業分布） 例 高齢化社会の進展
ギャップの存在 （技術、業績、認識などの理想と現実の乖離） 例 ドライバーの高齢化、勤務の不透明性	**認識の変化** （ものごとの受け止め方） 例 ライドシェアや白タクの利用
ニーズの存在 （ニーズの明確化と充足） 例 人口減少に伴う売上の減少	**新しい知識の獲得** （発明や発見） 例 IT技術の進歩、自動運転車の導入

産業構造の変化
（技術、ベンチャー、アウトソーシング）
例 配車アプリの導入

　環境の変化はリスクでもありますが、同時に「イノベーション」を生み出す大きなチャンスです。タクシー業界における内部環境の変化には、ドライバーの高齢化、人口減少に伴う売上の減少などがあり、外部環境の変化には、高齢化社会の進展やIT技術の進歩などがあります。

　これらの状況を把握したうえで、サン交通がイノベーションを模索すると、労働環境を改善し若手ドライバーの採用に力を入れる、高齢者専用の定額タクシーの運行、IT企業との連携による情報技術を活用した配車サービスのリリースなど、時代のニーズに合わせたサービス革新の一手が見えてきます。

複数のデータから結論を導き出す

29 帰納法

部長、これからは、シニア男性専用のスキンケア商品が売れるんじゃないかと思います

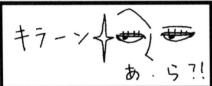

キラーン あ・ら?!

それ、面白い考えねだけど、本当に需要はあるの？

具体的におっしゃいなさいよ

ズイッ

だってその何となくの高齢化でおそらくたぶんモヤッとふんわり売れる気が…

よくあるビジネスの 問題

化粧品会社のキレイ美容社の加賀美さんは「これからは、シニア男性専用のスキンケア商品が必要」と提案した。だが、部長の「面白い考えだけど、本当に需要はある？」という問いかけに的確に答えられない…。

使い方
データに基づくアプローチで
精度の高い結論を見出す

「帰納法」とは、幅広いリサーチから得られた複数のデータを分析・考察して、結論や問題の解決策を見出すアプローチ。幅広いデータに基づくため説得力があり、営業活動やマーケティングを考える際に効果的です。

しかし、偏ったデータをもとにした結論では具体性や説得力に欠けてしまいます。そのため、いかに幅広い経験やサンプルを持っているかが帰納法のポイントになります。

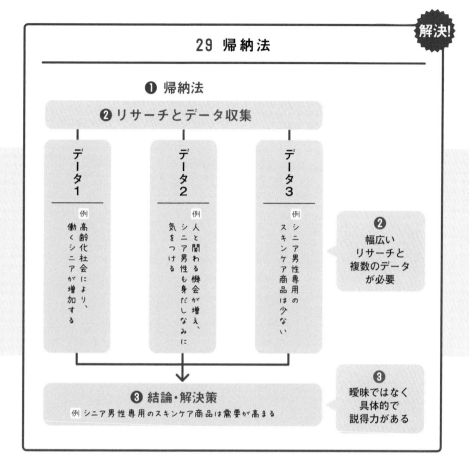

29 帰納法

解決！

❶ 帰納法

❷ リサーチとデータ収集

データ1	データ2	データ3
例 高齢化社会により、働くシニアが増加する	例 人と関わる機会が増え、シニア男性も身だしなみに気をつける	例 シニア男性専用のスキンケア商品は少ない

❷ 幅広いリサーチと複数のデータが必要

❸ 結論・解決策
例 シニア男性専用のスキンケア商品は需要が高まる

❸ 曖昧ではなく具体的で説得力がある

偏った認識やデータをもとにして出した結論では、具体性がなく説得力に欠けます。そこで、❶「帰納法」を使って、❷幅広くリサーチして複数のデータを収集し、そこから導き出される傾向をまとめ、❸曖昧でない、具体的で説得力のある結論・解決策を示します。

キレイ美容社の加賀美さんは、データに基づいた「**高齢化社会により、働くシニアが増加する**」「**人と関わる機会が増えるため、シニア男性も身だしなみに気をつける**」「**シニア男性専用のスキンケア商品は少ない**」という分析結果から、「**シニア男性専用のスキンケア商品は需要が高まる**」という結論にたどり着きました。

このように、データに基づくアプローチで、より具体的で精度の高い結論を導き出すことができます。

30 演繹法
（えんえき）

よくあるビジネスの 問題

2年連続で赤字決算となった黒山商事。社長は、経営戦略の立て直しのため、3か月にわたって現状分析を続けさせているが、いまだに具体策は見つからない。経営企画部の社員は、毎日のように現状分析に明け暮れている…。

使い方
普遍的なルールや実績に基づいて結論にアプローチする

「演繹法」は、大前提（仮説やたたき台）を用意したうえで、リサーチするアプローチ法。幅広いリサーチと複数のデータが必要な「帰納法」に対して、一般的で普遍的なルールや過去の実績などをもとに、結論や解決法を導き出します。演繹法を効果的に活用するためには、仮説が重要となります。

また、現状分析だけでは問題が解決できない場合、演繹法に切り替えることで、より効率的に結論にたどり着くケースもあります。

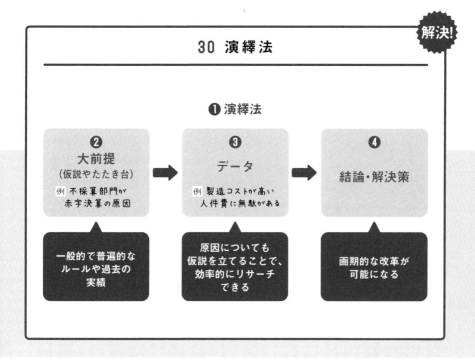

30 演繹法

解決!

❶ 演繹法

❷
大前提
（仮説やたたき台）
例 不採算部門が
赤字決算の原因

➡

❸
データ
例 製造コストが高い
人件費に無駄がある

➡

❹
結論・解決策

一般的で普遍的な
ルールや過去の
実績

原因についても
仮説を立てることで、
効率的にリサーチ
できる

画期的な改革が
可能になる

問題解決のためには、原因究明が必要です。そのために現状分析をするわけですが、やみくもに調べるだけでは解決の糸口が見えません。そこで、一般的なルールから仮説を立て、結論を導き出す❶「演繹法」を使います。

黒山商事の場合、「赤字決算」という問題の原因を突き止めることが目的ですから、膨大なデータを調べる前に❷大前提として **「不採算部門が赤字決算の原因」だとする仮説を立て**、それを証明するためにはどんなリサーチが必要かを考えます。

最終的には不採算部門を突き止め、さらにその原因を探ります。その場合も、原因となる❸「データ」を収集し **「製造コストが高い」「人件費に無駄がある」などの仮説を立てる**ことで、無駄なリサーチを行わずにすみ、効率的に❹「結論・解決策」を導くことができるのです。

使い方のポイント

帰納法（集中）

データ（仮説）
結論

演繹法（拡散）

結論
仮説
（データ）

問題解決には
「帰納法」と「演繹法」が
あり、その両者を状況に
合わせて使い分ける
ことが重要。

第 **4** 章

方針を
決定する

新たな市場を獲得するためには、どの方向にビジネスの舵を切ればいいのか、ビジネスの重点をどこに置くのか、投資の優先順位をどのようにつけるのかなど、重要な意思決定を行わなければなりません。その際にもフレームワークが便利です。

31 仕事の優先順位をつけて業務効率を上げる
MUST/WANT ▶ P124

32 事業の撤退か立て直しかを決断して経営を改善する
スクラップ＆ビルド ▶ P126

33 経営資源を効果的に活用して競争優位を築く
戦略の３Ｓ ▶ P128

34 基本戦略を選択し、競争で優位に立つ
ポーターの３つの基本戦略 ▶ P130

35 競争のない市場で競合他社をリードする
ブルー・オーシャン ▶ P132

36 ４つのアクションが新しい発想を生む
アクションマトリックス ▶ P134

37 自社の商品が顧客のニーズに対応しているか検証する
カスタマーイン ▶ P136

38 シェアに見合った戦略を立てる
ランチェスター戦略 ▶ P138

39 シェアナンバーワンになる分野を決め、達成する
ナンバーワン戦略 ▶ P140

40 大手と競合しない小さな分野でトップを目指す
孫子の小兵力戦法 ▶ P142

仕事の効率化

仕事の無駄を減らし、スピードアップするために役立つフレームワークを紹介します。

31 | MUST/WANT

❶ MUST
やらなければならないこと

・最優先に進める　・責任を持って取り組む　・より高い完成度を目指す
例　商談相手に提出するプレゼン資料や企画書の作成

❷ WANT
やったほうがいいこと

❸ High-WANT	❹ Middle-WANT	❺ Low-WANT
・重要度は高い ・ほぼ確実にやるべき仕事 ・完成度を高める	・重要度は普通 ・やれるならやる仕事 ・それなりの完成度	・重要度は低い ・やらなくても支障のない仕事 ・完成度は度外視
例　期日の決まった社内企画書等の作成	例　リサーチや情報収集	例　自社社員に向けたアンケートの作成

ものごとを「やるべきこと」「やったほうがいいこと」に分類し、無駄な労力を省き、仕事を効率化する手法。

事業の見直し

企業が成長を続けていくためには事業の見直しが必要です。何をきっかけに、どこに着目して、どの方向へ舵を切るべきかを考えるヒントとなるフレームワークを紹介します。

32 | スクラップ＆ビルド

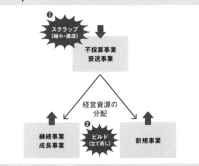

スクラップは縮小や撤退。ビルドは建て直し。状況に応じて不採算部門は撤退し、他分野の成長を促す。

33 | 戦略の3S

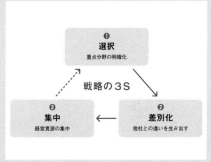

限られた経営資源を有効活用するために、重点分野を選択し、他者との差別化を図り、経営資源を集中する。

34 | ポーターの3つの基本戦略

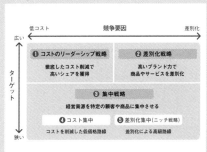

徹底したコスト削減（コストのリーダーシップ戦略）、差別化、集中戦略によって競争優位を確立する手法。

市 場 の 開 拓

効果的に市場を開拓し、競争優位に立つためのフレームワークを紹介します。

35 | ブルー・オーシャン

競争のない未開拓の市場のこと。いち早く見つけることで競争優位に立てる。この逆がレッド・オーシャン。

36 | アクションマトリックス

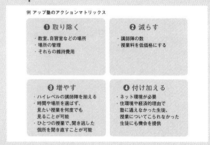

「取り除く・減らす・増やす・付け加える」ことで、ブルー・オーシャンを作り出す手法。

顧客ニーズの検証

ビジネスで成功するためには、顧客ニーズを正しく把握することが不可欠。そのためにフレームワークを活用しましょう。

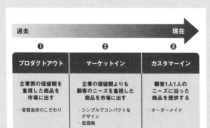

37 | カスタマーイン

個別の顧客の希望に応じた商品を提供する考え方。大量生産の時代は終わり、今はこの考え方が重要に。

シェアと戦略

自社はどのように戦うべきか、強者に勝つためにはどうするかを検討する際に役立つフレームワークを紹介します。

38 ｜ ランチェスター戦略

弱者の戦略（業界第2位以下）		強者の戦略（業界第1位）
❶ 局地戦（限定された範囲で戦う） ⇨ すきま市場（ニッチ市場）をねらう	地域戦略	広域戦 （広い範囲で戦う）
❷ 一点集中（標的をひとつに絞る） ⇨ ターゲットを絞り重点的に投資する	商品戦略	総合戦 （あらゆる分野で資本を武器に戦う）
❸ 一騎打ち（1対1で戦う） ⇨ 競合相手の少ない市場をねらう	顧客戦略	確率戦 （何人かに1人が買えばよい）
❹ 接近戦（できるだけ顧客に近づく） ⇨ 顧客から詳細な情報を得る	流通戦略	遠隔戦 （全国に店舗を置き、本社が統制）
❺ 陽動作戦（顧客の感情に訴える） ⇨ 顧客を惹く機会を多くする	戦法	誘導作戦 （有利なステージに誘導し、正攻法で戦う）

ゲリラ戦
小さくてもひとつひとつ着実に勝つ

物量作戦
資本を武器に全方位で戦う

弱者はゲリラ戦、強者は物量作戦で戦うという勝つための戦略。弱者でもこの方法なら勝つ可能性がある。

39 ｜ ナンバーワン戦略

❶ 商品ナンバーワン
→ 自社の強い商品でナンバーワン！
・パソコン部品の売上でナンバーワン
・液晶パネルの売上でナンバーワン
・液晶技術でナンバーワン

❷ 地域ナンバーワン
→ 地域の同業者の中でナンバーワン！
・同一営業圏内の同業種で売上ナンバーワン
・地域で最も信頼される工場になる
・地域にとって、なくてはならない工場になる

❸ 顧客ナンバーワン
→ その顧客にとってナンバーワン！
・顧客の必要に応じて訪問することを怠らない
・顧客の情報に敏感になる
・他社では見られないサービスを考える

資本力の劣る企業が勝つための戦略。ここなら一番になれるという分野を見つけるのがポイント。

40 ｜ 孫子の小兵力戦法

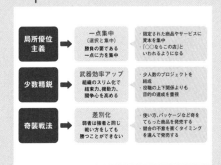

局所優位主義
一点集中（選択と集中）
勝負の要である一点に力を集中
・限定された商品やサービスに資本を集中
・「○○ならこの店」といわれるようになる

少数精鋭
武器効率アップ
組織のスリム化で結束力、機動力、闘争心を高める
・少人数のプロジェクトを結成
・役職の上下関係よりも目的の達成を重視

奇襲戦法
差別化
弱者は強者と同じ戦い方をしても勝つことができない
・使い方、パッケージなど奇をてらった商品を発売する
・競合の不意を衝くタイミングを選んで発売する

孫子が説いた、弱者が勝つための3つの戦略。局所優位主義、少数精鋭、奇襲戦法がある。

31

仕事の優先順位をつけて業務効率を上げる

MUST/WANT
（マスト／ウォント）

よくあるビジネスの 問題

田中さんは、どんな業務にも手を抜かず、退社はいつも終電間際。上司からは「もっと効率よく仕事を進められないのか」と注意されるが、何事も完璧にこなしているつもりの田中さんは、なぜ注意されるのか理解できない…。

使い方
「MUSTな仕事」と「WANTの仕事」を区別する

仕事を MUST ＝「やらなければならない」、WANT ＝「やったほうがいい」のいずれかに区分すると、業務効率を格段に上げることが可能です。MUST は優先的に進め、WANT は業務の重要度に応じて、High（高）・Middle（中）・Low（低）の 3 段階に分けます。High-WANT は高い完成度を求めるべき仕事で、Middle-WANT は重要度が普通でそれなりの完成度を目指します。Low-WANT は完成度にこだわる必要はなく、状況によっては「やらない」と割り切ってもかまいません。

31 MUST／WANT

❶ MUST
やらなければならないこと

・最優先に進める　・責任を持って取り組む　・より高い完成度を目指す

例 商談相手に提出するプレゼン資料や企画書の作成

❷ WANT
やったほうがいいこと

❸ High-WANT	❹ Middle-WANT	❺ Low-WANT
・重要度は高い ・ほぼ確実にやるべき仕事 ・完成度を高める	・重要度は普通 ・やれるならやる仕事 ・それなりの完成度	・重要度は低い ・やらなくても支障のない仕事 ・完成度は度外視
例 期日の決まった社内 企画書等の作成	例 リサーチや情報 収集	例 自社社員に向けた アンケートの作成

　どの仕事も完璧にこなして高い完成度を目指していては、時間がいくらあっても足りないばかりか、成果を上げることも難しいでしょう。そこでまずは、取り組むべき仕事が❶「MUST」なのか❷「WANT」なのか、WANTならば重要度を ❸「High-WANT」、❹「Middle-WANT」、❺「Low-WANT」に区分けします。

　田中さんは、商談相手がじっくりと目を通す**プレゼン資料や企画書の作成は、MUST として時間を優先的に確保し完成度を上げ、リサーチや情報収集などは Middle-WANT、数人の自社社員に向けたアンケートの作成などは Low-WANT なので10分以内に終わらせる、または不要と判断できれば省く**といったように、業務効率を高めるには、時間配分と力加減にメリハリをつけることが重要です。

使い方のポイント｜重要度を決める際は、
　　　　　　　　　　利益に直接影響を与えるか否かを判断基準とするのがよい。
　　　　　　　　　　ただし自己判断するのではなく、必ず社内で共有すること。

32 スクラップ＆ビルド

事業の撤退か立て直しかを決断して経営を改善する

よくあるビジネスの 問題

5つの事業部門を持つHOSOI音響社の経営は、慢性的な赤字だ。特にCDなどの電子媒体事業は、クラウドストレージの普及により、ダントツの不採算部門に。創業時からの主力部門のため、社長は存続を希望するが、挽回の兆しは見えない…。

使い方
**事業の必要性を問いかけて
スクラップかビルドかを決断する**

「スクラップ」は事業の縮小や撤退。「ビルド」は立て直しのこと。つまり「スクラップ＆ビルド（S＆B）」とは、事業の撤退や立て直しによって経営を改善する成長戦略のひとつです。

アメリカの経営学者であるドラッカー博士は「3年に一度は事業をゼロベースで見直すべき」と提唱しました。ゼロベースの見直しとは、まさに事業の必要性を問うことです。3年以内のビルドが難しい赤字事業があれば、スクラップも選択肢のひとつとなります。

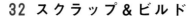

32 スクラップ＆ビルド

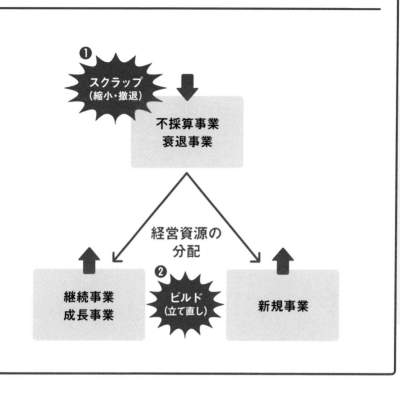

❶ スクラップ
（縮小・撤退）

不採算事業
衰退事業

経営資源の
分配

継続事業
成長事業

❷ ビルド
（立て直し）

新規事業

「❶スクラップ＆❷ビルド」は、事業の縮小・撤退や立て直しで経営を改善することです。

　経営改革には事業の抜本的な見直しが不可欠です。愛着を理由に存続を希望しても、残念ながら利益を生めない事業に存在価値はありません。不採算事業があり、なおかつ３年以内の立て直しが難しいと判断できれば、思い切って事業のスクラップを決断するのも一案です。スクラップによって経営資源が浮けば、他の事業部門に分配できるため、経営効率や投資対効果の向上につながります。また、時代のニーズにマッチした将来性の高い新規事業の立ち上げも、選択肢のひとつに加えることができます。

　HOSOI 音響社の場合も、**事業の成長戦略のために不採算事業をスクラップして、他の事業に資源を分配することを考える**、といった決断が求められます。

経営資源を効果的に活用して競争優位を築く

33 戦略の３Ｓ（さんエス）

よくあるビジネスの 問題

５つの分野を事業対象とする、総合商社の山野通商。そのうちの２部門は、営業利益が３年連続で低下している。一部の役員は売却を提案しているが、社長や株主は「全部門の黒字化」を至上命令に掲げ、不採算部門の売却には反対のようだ…。

使い方
経営資源を重点配分する
経営戦略のセオリー

　限られた経営資源（ヒト・モノ・カネ・情報）を効果的に活用して、競争優位を築くための戦略のセオリーが「選択・差別化・集中（3S）」です。

　まずは、他社より優位に立つために重点的に力を入れる領域を「選択」し、次に競争優位を確立するには、どうすれば他社と「差別化」できるかを考えます。さらに、その差別化を実現するために、自社の経営資源を「集中」します。経営資源を計画的に重点配分して、競争優位を目指します。

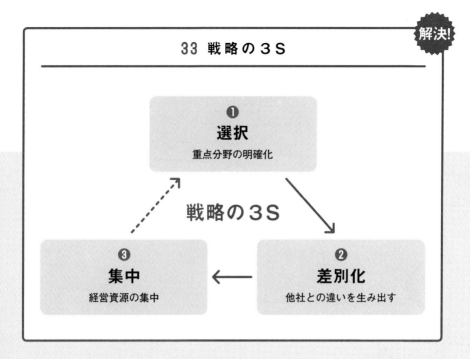

33 戦略の3S

解決!

戦略の3S

❶ 選択 重点分野の明確化

❸ 集中 経営資源の集中

❷ 差別化 他社との違いを生み出す

　市場での優位性を確立するには、まずは❶「選択」し、つまり限られた経営資源をどの分野に重点配分し、いかにして❷「差別化」を図るかがポイントです。これ以上の挽回を期待できない分野に対して、競争優位が発揮できている分野と同じように経営資源の分配を続けていくことは、経営資源を無駄に消耗させるだけなので、経営資源を❸「集中」させます。これが戦略の3Sです。

　そこで、すでに市場での負けが決定している分野と、競争力を残す分野に分け、前者を縮小・撤退の候補とし、後者を重点分野として選択します。次に、残された分野でさらなる利益拡大を図るために、他社との差別化を検討します。そして、経営資源を重点分野に集中させます。

　山野通商の場合も、**営業利益が低下している2部門は縮小か売却を検討し、残る3部門に経営資源を集中させるのが賢明**です。選択・差別化・集中は、競争に勝つためのセオリーなのです。

使い方のポイント　｜　競争力が低い分野でも、
　　　　　　　　　　　すきま市場で利益を生めるのであれば存続させる価値がある。

34 ポーターの３つの基本戦略

基本戦略を選択し、競争で優位に立つ

よくあるビジネスの 問題

アルファサウンド社は、徹底した製造コストの削減で、若年層をターゲットにした低価格の音響機器を販売してきたが、社長は「より高品質な製品を今より低価格で売る」と通達。社員は、これ以上のコスト削減で、さらに高品質な製品は作れないと反発している…。

使い方
他社に勝つための徹底を重視した３つの基本戦略

「ポーターの３つの基本戦略」とは、ハーバード大学のマイケル・ポーター博士が提唱した経営戦略です。徹底したコストダウンで価格競争力を強化する「コストのリーダーシップ戦略」、他社製品やサービスとの圧倒的な差別化でブランド力を高める「差別化戦略」、経営資源を特定の顧客や商品に集中し、少ない経営資源で成果を上げる「集中戦略」の３つがあり、博士はこのうち、どれかひとつを選択して競争優位を確立することを提唱しています。

34 ポーターの3つの基本戦略

競争要因

低コスト ← → 差別化

広い

ターゲット

❶ コストのリーダーシップ戦略	❷ 差別化戦略
徹底したコスト削減で 高いシェアを獲得	高いブランド力で 商品やサービスを差別化

❸ 集中戦略

経営資源を特定の顧客や商品に集中させる

❹ コスト集中	❺ 差別化集中（ニッチ戦略）
コストを削減した低価格路線	差別化による高級路線

狭い

　競合他社に打ち勝って市場で優位に立つには、3つの基本戦略、❶「コストのリーダーシップ戦略」、❷「差別化戦略」、❸「集中戦略」の中からひとつを選択して重点的に進めなければなりません。

　コストを削減した高品質で低価格な製品は、自社と顧客の双方にとっても確かに魅力的です。しかしコストを削減して顧客層を絞った「集中戦略」の中で、さらなる高品質と価格低下を追求すれば、戦略にメリハリがなくなり、結果的にはすべてが中途半端に終わってしまうでしょう。「ああしたい、こうもしたい」と欲張って統一性のない戦略を立てるのではなく、ここは基本戦略をひとつに絞って、具体的な推進プランを立てるのが賢明です。

　アルファサウンド社の場合も、若年層をターゲットにした製品でコスト削減を図るのか、あるいはより高品質な製品で差別化を図るのか、どちらかに絞る必要があります。

使い方のポイント　｜　「集中戦略」には、ターゲットとなる特定の顧客や商品に対して
コスト削減を図る❹「コスト集中」と、差別化を図る❺「差別化集中」がある。

35

競争のない市場で競合他社をリードする

ブルー・オーシャン

コーヒー1杯を百円で販売しまーす！

ダン

すでに飽和状態の市場だと思うのだけど、画期的な戦略があるのだろうか？

その価格で勝負してうちのブランド価値下がらないかしら？

客単価が下がって利益も低くなるよね…

う〜ん
なんだか不安だなぁ…

よくあるビジネスの 問題

大手コーヒーチェーンのウエノ珈琲でマーケティング部長を務める安田さんは、コーヒー1杯を100円で販売する方針を立てた。しかし、コーヒーの低価格販売はすでに一般的なため、社員は懐疑的だ…。

使い方
未開拓市場を拓いて
過当競争を避ける

　競争の激しい既存市場を「レッド・オーシャン」、**競争のない未開拓の市場を「ブルー・オーシャン」**と呼びます。競合他社を出し抜いて市場のトップを目指すなら、すでに競争が激化しているレッド・オーシャンで勝ち抜きを図ることは、経営資源を無駄に使う可能性もあり、賢明な策とはいえません。

　そこで、まだ競争の起きていないブルー・オーシャンの開拓を目指します。この戦略が成功すれば大きなシェアを獲得でき、後で他社が参入しても市場の先駆者として優位性を維持できます。

35 ブルー・オーシャン

❷ レッド・オーシャン

❶ ブルー・オーシャン

**競争の激しい
既存市場**

・競合他社が多く
消耗戦が続く
・頻繁に競合他社が
参入する

**競争のない
未開拓の市場**

・新規参入がまだない
・大きなシェアの
獲得を期待できる

ウエノ珈琲の場合は…
100円コーヒーの販売

● 価格競争への乗り遅れ
● 低価格販売はすでに一般的

新しい市場の開拓

● 産地にこだわった高級路線の
メニュー展開
● タピオカコーヒーのメニュー開発

❶「ブルー・オーシャン」戦略とは、言い換えれば独自の戦略を練り上げて競合他社との差別化を図るということです。すでに同じ一手で競い合っている❷「レッド・オーシャン」に後乗りしたところで、消耗戦となる結果は目に見えていますし、自社と顧客に対する価値を向上させる「バリューイノベーション」を起こすこともできません。

　ブルー・オーシャンを目指すためにも、まずは競合他社も使う飽和した戦略は忘れて、発想の転換による新たな一手を生み出す必要があります。**シンプルな価格設定とおしゃれなデザインでメガネ業界の常識を覆したJINS**や、**高品質のカジュアルウエアを低価格で提供することで成長したユニクロ**はブルー・オーシャン戦略の成功例といえます。

　価格競争に乗り遅れたウエノ珈琲の場合は、あえて**高級路線をとり、新たなコンセプトに基づいたチェーン展開を模索する**ことが考えられます。あるいは**タピオカコーヒーのオリジナルメニューを開発する**など、低コストでも顧客が喜ぶ高付加価値のある商品を開発するというのも、ブルー・オーシャン開拓の鍵となるかもしれません。

36 アクションマトリックス

４つのアクションが新しい発想を生む

よくあるビジネスの 問題

アップ塾は中高生対象の学習塾。少子化に加え、多くの強豪がひしめき合う中、どこの塾も生徒の獲得に苦労している。マーケティング担当の佐々木さんは、塾の新しい可能性を探している…。

使い方
４つの視点がイノベーションを起こす

アクションマトリックスは、競争のないブルー・オーシャン市場（P132参照）を創造するための手法です。商品を企画する際に「取り除く」「減らす」「増やす」「付け加える」という４つのアクションを検証すると、自社がどのように変化するとブルー・オーシャンを作り出せるのかが明確になり、新しい発想が生まれます。

　成功へ至る優れた戦略には、①メリハリ、②高い独自性、③訴求力のあるキャッチフレーズが備わっているとされます。

36 アクションマトリックス

例 **アップ塾のアクションマトリックス**

❶ 取り除く
・教室、自習室などの場所
・場所の管理
・それらの維持費用

❷ 減らす
・講師陣の数
・授業料を低価格にする

❸ 増やす
・ハイレベルの講師陣を揃える
・時間や場所を選ばず、
　見たい授業を何度でも
　見ることが可能
・ひとつの授業で、聞き逃した
　個所を聞き直すことが可能

❹ 付け加える
・ネット環境が必要
・住環境や経済的理由で
　塾に通えなかった生徒、
　授業についてこられなかった
　生徒にも機会を提供

　過当競争の業界で抜きん出るためには、新しい市場を創造する必要があります。アクションマトリックスは、❶「取り除く」、❷「減らす」、❸「増やす」、❹「付け加える」の4つのアクションを検証して、新しい発想を生む方法です。

　アップ塾の佐々木さんは、電車で通える都市部の生徒ではなく、塾通いが困難な地方の生徒たちに着目し、いつでも、どこでもインターネットで人気講師の授業を何度でも見られる塾、という新市場を着想しました。

　少数精鋭の講師陣（❷、❸）による授業を動画撮影し、ネットで配信（❸、❹）します。動画は一度撮影すれば何度も利用でき、**ネット授業なので教室も不要（❶）**です。こうして、**サービスの低価格化（❷）**を実現。「人気講師を携帯しよう！」というキャッチフレーズで、これまで**距離や価格の問題から塾をあきらめていた子どもたちを取り込む（❹）**ことに成功しました。

使い方のポイント | アクションマトリックスは、
競争の激しい業界で新市場を開拓するための戦略。
競争のあまり激しくない業界には不向き。
また、すぐに模倣されることも覚悟しよう。

37 カスタマーイン

自社の商品が顧客のニーズに対応しているか検証する

うーん どうして このヘッドフォン 売れ行き悪いんだろ？

うちの商品といえば 高音質には定評あって このヘッドフォンだって もちろん、そう

だけど、一部のマニアには 受けてんだよなぁ 一般受けしない ってことが原因かぁ

ナウなヤングに ウケると思ったんだけどな

ワイヤレス 高音質ヘッドフォン **ブラックデビル！**

ナウなヤングは ググッてみろ！

クワッ クワッ

よくあるビジネスの **問題**

山田さんは、HOSOI 音響社の営業部員。自社商品は高い音質を追求する技術力が特徴で、一部のマニアには受けるのだが、購買層が広く浸透せず、売れ行きは低迷。何が問題なのか悩んでいる…。

使い方
多様化した顧客ニーズに対応するために顧客が望むものを見据える

顧客のニーズをとらえ、それを商品やサービスに反映して利益を上げていくためには「プロダクトアウト」「マーケットイン」「カスタマーイン」という市場の3つの価値観のうち、自社がどの価値観に基づいているのかを検証する必要があります。

プロダクトアウトは企業が作りたいものを基準に製品を開発する考え方、マーケットインは顧客のニーズを商品に反映して市場に出す考え方です。**カスタマーインは個別の顧客の希望に応じた商品を提供する考え方**で、現在はこの視点の重要性が増しています。

37 カスタマーイン

解決!

過去 → 現在

❶ プロダクトアウト	**❷ マーケットイン**	**❸ カスタマーイン**
企業側の価値観を重視した商品を市場に出す	企業の価値観よりも顧客のニーズを重視した商品を市場に出す	顧客1人1人のニーズに沿った商品を提供する
・音質追求のこだわり	・シンプルでコンパクトなデザイン ・低価格	・オーダーメイド

　自社商品の利益を上げるには、❶「プロダクトアウト」、❷「マーケットイン」、❸「カスタマーイン」の市場の３つの価値観を検討する必要があります。

　グローバル化、多様性が重視される現代。作り手の視点を重視して商品を生産するプロダクトアウトの価値観のみで戦略を考える企業は少数派です。時代の要求は消費者、顧客のニーズを重視したマーケットイン、さらにはカスタマーインへとシフトしています。

　音質追求にこだわる山田さんの会社は、自社の価値観偏重のプロダクトアウトといえます。まずはマーケットインの視点から**顧客のニーズを十分に汲み取って、シンプルでコンパクトなデザインや低価格の商品の生産**も検討すべきでしょう。そうすれば、一部のマニアだけではなく、もっと広い購買層のニーズに沿った商品を提供することができるようになります。さらにカスタマーインの視点から**顧客の個別の希望に沿った商品を提供**できるとよいでしょう。

使い方のポイント ｜ 時代の変化に合わせて消費者のニーズも変化。企業もこれに合わせることが必要。

はっ！あれは業界1位の営業部長！あとをつけてみよう…

バタン!!

ぜったい、ぜったい、ぜったいに勝ってやる！

あちぃ〜！もうダメ〜これも負けちゃ〜

よくあるビジネスの 問題

高野さんは通信業界第2位のミソラ通信の営業部長。同業界第1位との競合になかなか勝つことができず悩んでいる。両社の価格もサービスも似通っているため、顧客は第1位の企業に流れてしまう…。

使い方
弱者と強者、それぞれの戦略で戦う

「ランチェスター戦略」はイギリスのランチェスター氏が、アメリカの第一次世界大戦の物資投入量と敵国の被害量を分析して導いた「ランチェスターの法則」をもとに、日本で完成された戦略です。

　この戦略は、強者の戦略・弱者の戦略のどちらかを選択し、強者は物量作戦で、弱者はゲリラ戦で一歩一歩着実に戦うのが基本です。強者は業界第1位、弱者は業界第2位以下を指します。大半の企業が、業界第2位以下ですから、弱者の法則が特に参考になります。

38 ランチェスター戦略

弱者の戦略（業界第2位以下）		強者の戦略（業界第1位）
❶ 局地戦（限定された範囲で戦う） 例 すきま市場（ニッチ市場）をねらう	地域戦略	広域戦 （広い範囲で戦う）
❷ 一点集中（標的をひとつに絞る） 例 ターゲットを絞り重点的に投資する	商品戦略	総合戦 （あらゆる分野で資本を武器に戦う）
❸ 一騎打ち（1対1で戦う） 例 競合相手の少ない市場をねらう	顧客戦略	確率戦 （何人かに1人が買えばよい）
❹ 接近戦（できるだけ顧客に近づく） 例 顧客から詳細な情報を得る	流通戦略	遠隔戦 （全国に店舗を置き、本社が統轄）
❺ 陽動作戦（顧客の感情に訴える） 例 顧客と接する機会を多くする	戦法	誘導作戦 （有利なステージに誘導し、正攻法で戦う）

ゲリラ戦
小さくてもひとつひとつ着実に勝つ

物量作戦
資本を武器に全方位で戦う

　業界第2位以下の企業が、強者の理論で戦略を立てると失敗します。弱者の戦略で戦いましょう。

　弱者の戦略の基本は、❶局地戦、❷一点集中、❸一騎打ち、❹接近戦、❺陽動作戦の5つ。**❶は強者が手薄になっている地域やすきま市場など、限られた範囲で戦う**こと。範囲が狭ければ経営資源を集中できるので、弱者も有利に戦えます。**❷はあれもこれも投資するのではなく、特定の顧客や商品など一点に経営資源を集中する**ことで競争力を高めます。**❸は競合相手の少ない市場で、1対1の戦いで確実に勝利**していきます。**❹は全国に店舗を置く**など、顧客や競合に近づき、正確で詳細な情報を得ることで的確な対策を講じることができます。**❺は最初は慎重に進出し、時期が来たら一気に展開する**など、手の内を見せず、相手の動揺を誘う戦略です。

　このように、広域戦で大きな勝利をねらうのではなく、一歩一歩攻め、小さな勝利を積み上げていくのが弱者の戦略です。

39 ナンバーワン戦略

シェアナンバーワンになる分野を決め、達成する

よくあるビジネスの 問題

田中さんが勤めるのは、パソコンの部品を生産しているいわゆる町工場。何万点もの部品を製造しているが、競合他社も多く、売上は低迷している…。

使い方
どんなに小さい分野でも断トツのトップになる

ランチェスター戦略の応用であるナンバーワン戦略。小さな市場でナンバーワンになることを目指す戦略です。資本力のない中小企業でも、この分野なら誰にも負けないという一点に絞り込んで戦えば、大企業にも勝つことができます。

問題はどの分野で勝負をするか。商品、地域、顧客の3つの分野に分け、どこでナンバーワンになるかを見極めることが大切です。

39 ナンバーワン戦略

❶ 商品 ナンバーワン

自社の強い商品でナンバーワン！
・パソコン部品の売上でナンバーワン
・液晶パネルの売上でナンバーワン
・液晶技術でナンバーワン

❷ 地域 ナンバーワン

地域の同業者の中でナンバーワン！
・同一営業内の同業種で売上ナンバーワン
・地域で最も信頼される工場になる
・地域にとって、なくてはならない工場になる

❸ 顧客 ナンバーワン

その顧客にとってナンバーワン！
・顧客の必要に応じて訪問することを怠らない
・顧客の情報に敏感になる
・他社では見られないサービスを考える

　資本力に劣る中規模の会社が大手と戦うためには、分野を絞り込み、そこでナンバーワンになることが必要です。どの分野でナンバーワンを目指すのかを明らかにし、そこに集中的に経営資源を投入します。その分野は3つ。❶「商品」、❷「地域」、❸「顧客」です。

　例えば田中さんの工場で、**パソコン部品の中でも液晶パネル、もっと絞り込んで液晶技術でナンバーワンを目指すと決めたなら、そこに資本も人員も集中投下**します。分野を絞り込まずに漫然とすべての分野に薄く投資をしたのでは、競争優位が確立できません。

使い方のポイント ｜ 弱者（中小企業）が強者（大手企業）と同じ経営、
｜ 同じ戦略を展開しても勝ち目はない。

大手と競合しない小さな分野でトップを目指す

40 孫子の小兵力戦法

よくあるビジネスの 問題

少数の大手メーカーが市場を独占する化粧品業界に、参入したばかりのキレイ美容社。ナノテクを駆使した、自信のコスメシリーズを開発した。この販売計画を任された土田さんは、人気タレントを起用したCM案を考えたが却下されてしまう…。

使い方
小さな分野で大手が考えそうもない経営戦略を練る

弱者が強者に勝つための3本柱は、「局所優位主義」「少数精鋭」「奇襲戦法」。これは紀元前500年頃の中国の思想家・孫子（孫武）が説いた、小が大に勝つための兵法です。資金力のない小さな企業は、商品や価格など、大手と同じ土壌で戦っても勝ち目はありません。まずは、競合しない小さな分野でトップになるために少数精鋭の組織を組み、競合相手が予想しない小兵力戦法を立てる必要があるのです。

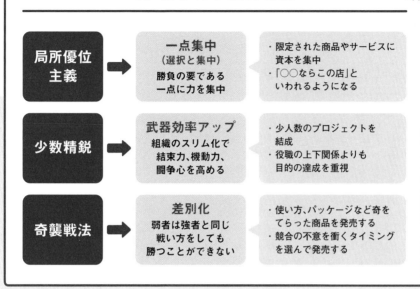

解決！

40 孫子の小兵力戦法

局所優位主義	→	**一点集中**（選択と集中）勝負の要である一点に力を集中	・限定された商品やサービスに資本を集中 ・「○○ならこの店」といわれるようになる
少数精鋭	→	**武器効率アップ**組織のスリム化で結束力、機動力、闘争心を高める	・少人数のプロジェクトを結成 ・役職の上下関係よりも目的の達成を重視
奇襲戦法	→	**差別化**弱者は強者と同じ戦い方をしても勝つことができない	・使い方、パッケージなど奇をてらった商品を発売する ・競合の不意を衝くタイミングを選んで発売する

　資金力の小さな会社が大手メーカーと同じ戦略で戦っても…。小兵力戦法で立ち向かいましょう。

　冒頭の事例の場合、人気タレントを起用して大々的にテレビCMを打つ、有名デパートで販売するといった、大手メーカーと同じ手法は、後発の小さな会社には無理があります。そこにお金をかけるよりも、大企業がやらない方法で差別化を図りましょう。

　例えばキレイ美容社では、**オンラインショップのシステム開発に資本と人員を集中投下し、オンラインだけで限定販売する、SNSやオウンドメディア（パンフレットや自社のウェブサイト）で宣伝をする**といった方法です。

　企業規模が小さいことは不利ではありますが、意思決定が速い、組織がフラットで意見が言いやすい、フットワークが軽い、などの利点もあります。柔軟な組織から生まれる斬新なアイデアで奇襲攻撃をかけて強者の弱点を見つけ、強者に対抗しましょう。

使い方のポイント ｜ 斬新な発想で強者のやらない戦略を考え、そこに一点集中する。

第 **5** 章

計画の立案と承認

プロジェクトを確実に進めるためには、計画が重要です。全体像を把握して漏れなくダブリなくやるべきことを洗い出し、優先順位をつけたうえで計画を実施します。やりっぱなしではなく、結果を検証し評価することも忘れてはなりません。

41 プロセスを踏んで、着実に仕事を進める
企画・計画・実施 ▶ P150

42 必要な情報を論理的に過不足なく伝える
5W2H ▶ P152

43 課題の解決に導く4つのサイクルを回す
PDCAサイクル ▶ P154

44 商品開発のマーケティングを極める
R-STP-MM ▶ P156

45 企業活動を5つの工程に分けて分析する
ポーターのバリューチェーン分析 ▶ P158

46 限られた経営資源を効果的に配分する
グー・パー・チョキ理論 ▶ P160

47 確かな現状把握で、目標を達成していく
シェア（26％・40％・70％）の法則 ▶ P162

48 機能とコストのバランスで商品価値を高める
価値工学（VE） ▶ P164

49 過去と現在を比較して、未来を明確にする
Before／After ▶ P166

50 午前・午後・定時後に分けて時間管理！
1日3分割法 ▶ P168

仕事を効率的に進める

長時間労働を是正し、かつ生産性も向上する、業務改善のコツがわかるフレームワークを紹介します。

41 │ 企画・計画・実施

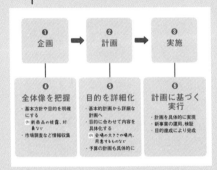

仕事を効率的かつ確実に進めていくためのプロセス。最初に全体像を把握することがポイント。

43 │ PDCAサイクル

計画⇒実行⇒評価⇒改善のサイクルを回し続けることで、業務の改善や効率化を図る手法。

50 │ 1日3分割法

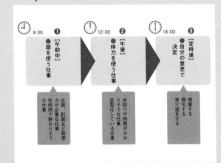

1日を、午前、午後、定時後の3つに分けて、仕事を割り振ることで、仕事のスピードアップを図る手法。

論理的に伝える

ものごとを体系的にとらえ、過不足なく情報を伝えるために役立つフレームワークを紹介します。

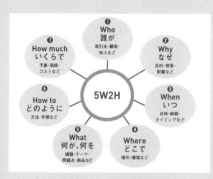

42 5W2H

情報を過不足なく論理的に伝えるための情報整理の手法。会話、文書作成などさまざまな場面で役立つ。

マーケティングプロセス

企業からの視点、消費者側の視点の両面から戦略を練る、マーケティングミックスがトレンド。フレームワークを使うと簡単に考えを整理できます。

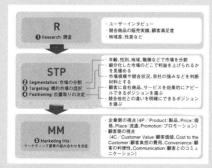

44 R-STP-MM

効果的に売るためのマーケティングプロセス。調査⇒市場の分割・選択・決定⇒ほかのツールと組み合わせる。

コストの見直し

コスト削減はどの企業にとっても共通の悩み。無駄なく効率よくコストを削減するためのフレームワークを紹介します。

45 | ポーターのバリューチェーン分析

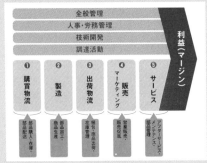

企業活動の全工程を5工程に分け、各工程での強み・弱みを把握したり改善点を見出したりする手法。

46 | グー・パー・チョキ理論

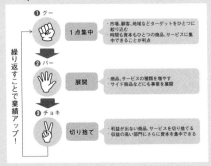

一点集中⇒展開⇒切り捨てのサイクルを繰り返し、効率的に経営資源を配分するための考え方。

48 | 価値工学（VE）

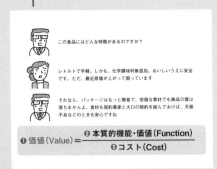

商品の機能を上げ、コストを下げれば価値が上がるという考え方。商品の機能とコストのバランスが重要。

シェアの達成

自社のシェア率を知ることは、わかりやすい目標設定の構築や、モチベーションの向上にもつながります。

市場占有率の目安

シェア	シェア区分	どのような意味を持つか
73.9%	市場独占シェア	独占的な市場シェア。逆転される可能性は限りなく低い(ただし、市場自体が消滅すると無力化)
41.7%	相対的安定シェア	首位独走の状態。不測の事態がなければ安定
26.1%	市場影響シェア	トップとしては最低条件の目標値。いつ逆転されてもおかしくない
19.3%	並列的上位シェア	弱者の中から一歩抜け出て上位に入る目標値
10.9%	市場認知シェア	弱者であっても市場に影響を与えられる程度の目標値
6.8%	市場存在シェア	かろうじて存在を認められる目標値。上位に入ることは難しい
2.8%	市場拠点シェア	市場に参入できたか否かの目標値。市場に残っていくことは難しい

47 | シェア(26%・40%・70%)の法則

シェア70% は安泰、40% なら相対的に安定、26% ならいつ抜かれてもおかしくない。現状把握に役立つ指標。

未来のイメージ

目先のことばかり見ていると全体像を見失います。未来に視点を置くことで、現在の改善点が見えてきます。そのためのフレームワークを紹介します。

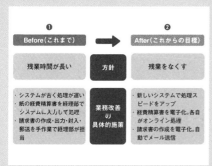

49 | Before/After

現状を明確化し、未来のあるべき姿を描き、未来から逆算して、今やるべきことを明らかにする手法。

企画・計画・実施

よくあるビジネスの 問題

田中さんは、新商品のお披露目会の企画を任され、企画書を出すように言われたが、何から手をつけたらいいのかわからない。とりあえず、来場者に配るノベルティのアイデアを考え始めると、「それより先にすることがあるのでは」と先輩に意見された…。

使い方
「全体→詳細」で
仕事を効率よく進める

どのような仕事でも、何のために行うのか、まず**全体像を把握し、目的を明確にしましょう**（企画）。次に目的実現のために何をすべきか、具体的な目標を立て、**実行計画、予算の立案を行います**（計画）。そして、**実行計画にそって企画を実施します**（実施）。

全体像がはっきりしないまま、細部に手を付けると、やり直しになったり、無駄な費用がかかったりすることも。最初に全体像が明確になっていれば、効率よく企画を遂行できます。

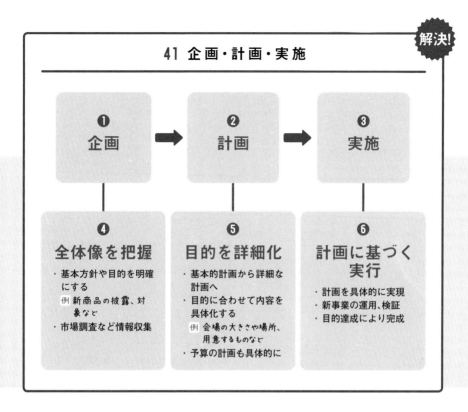

41 企画・計画・実施

解決!

❶ **企画** ➡ ❷ **計画** ➡ ❸ **実施**

❹ **全体像を把握**
・基本方針や目的を明確にする
　例 新商品の披露、対象など
・市場調査など情報収集

❺ **目的を詳細化**
・基本的計画から詳細な計画へ
・目的に合わせて内容を具体化する
　例 会場の大きさや場所、用意するものなど
・予算の計画も具体的に

❻ **計画に基づく実行**
・計画を具体的に実現
・新事業の運用、検証
・目的達成により完成

第 **5** 章　計画の立案と承認

　仕事を着実に効率よく進めるためには、❶「企画」、❷「計画」、❸「実施」を考えていくことが有効です。

　田中さんの場合、このお披露目会は誰に向けて、何のために開催するのか、まず全体像を明らかにする必要（❹）があります。テレビや雑誌などのメディア関係者を対象とするのか、取引先企業向けなのか、一般ユーザー向けなのか目的を詳細化（❺）しましょう。目的に合わせて内容を検討すれば、会場の大きさや場所、用意するものなども異なってきます。

　例えばメディア対象であれば、すぐに記事にしてもらいやすいように、詳細な**プレスリリースや商品写真の用意が必要**でしょう。一般ユーザー向けであれば、**試供品やノベルティを充実**させ集客に力を入れる必要があります。

　最後にその計画に基づいて実行（❻）することが大切です。

使い方のポイント ｜ 枝葉末節にこだわる前に、
　　　　　　　　　　　 全体像を明確にすることが大事。

ツール42

必要な情報を論理的に過不足なく伝える

5W2H
（ご ダブリュー に エイチ）

よくあるビジネスの 問題

田中さんが勤務する会社では、弁護士を呼び、セクハラ、パワハラに関する講習会を開催することになった。田中さんは、このことを全社員にメールで連絡することになったが、文章が苦手でどのような文面がよいのか悩んでいる…。

使い方
話の趣旨を明確にして
わかりやすく伝える

小中学校の国語でも耳にする5W2H。実はビジネスシーンでも重要です。Who（誰が）、Why（なぜ）、When（いつ）、Where（どこで）、What（何が、何を）、How to（どのように）、How much（いくらで）。この7項目を意識すると、話が論理的になり、必要な情報の洩れや無駄が少なくなります。電話対応、企画立案、情報伝達などの場面で5W2Hを意識するとよいでしょう。

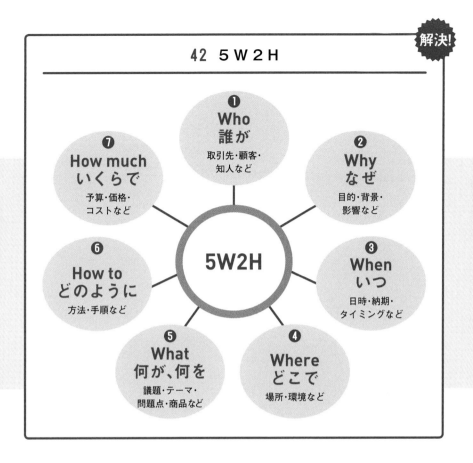

42 5W2H

解決!

- ❶ **Who 誰が** 取引先・顧客・知人など
- ❷ **Why なぜ** 目的・背景・影響など
- ❸ **When いつ** 日時・納期・タイミングなど
- ❹ **Where どこで** 場所・環境など
- ❺ **What 何が、何を** 議題・テーマ・問題点・商品など
- ❻ **How to どのように** 方法・手順など
- ❼ **How much いくらで** 予算・価格・コストなど

5W2H

　何かを伝える際に5W2Hを意識すると、趣旨が明確になり、情報に洩れがなくなります。田中さんは5W2Hを意識して、「❸来る5月10日、午後2時より（When）、❹本社会議室にて（Where）、❶弁護士の先生（Who）を招き、❺セクハラ・パワハラ講座（What）を開催いたします。❷予期しないトラブルに巻き込まれることなく適切な対応がとれるよう（Why）、ぜひご参加ください。❻必要事項をメモできるよう筆記具をお持ちください（How to）。❼参加は無料（How much）です。」という文面を作成し、送信しました。

使い方のポイント　｜　ビジネスシーンでは、
特にWhy（理由）とHow to（方法）を重視。
目的がはっきりする。

43

課題の解決に導く４つのサイクルを回す

PDCAサイクル
ピーディーシーエー

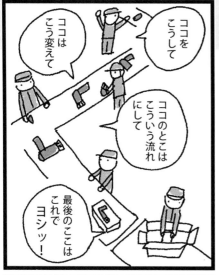

高野さんは家電メーカーの製造部で、生産管理を担当している。本部から、生産効率を上げて製造コストを下げるよう指示があり、いろいろな方法を試してみるが、なかなか成果が出ず、悩んでいる…。

使い方
サイクルを回し続けて
業務を改善していく

「PDCAサイクル」とは、「Plan（計画）」「Do（実行）」「Check（評価）」「Action（改善）」という４つのサイクルを回し続けることで業務の効率化、改善を図る手法です。

Planで目標を設定し、計画を立案。Doで計画を実行し、Checkで計画の進捗を検証。そしてActionで課題を見直し。これをもとに、またPlanを立て、サイクルを回し続けていきます。１周するごとに業務が改善し、目標に近づきます。

43 PDCAサイクル

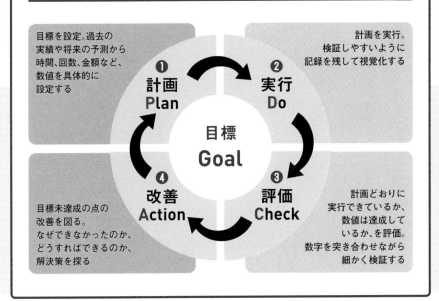

目標を設定。過去の
実績や将来の予測から
時間、回数、金額など、
数値を具体的に
設定する

❶ 計画 Plan

計画を実行。
検証しやすいように
記録を残して視覚化する

❷ 実行 Do

目標 Goal

目標未達成の点の
改善を図る。
なぜできなかったのか、
どうすればできるのか、
解決策を探る

❹ 改善 Action

計画どおりに
実行できているか、
数値は達成して
いるか、を評価。
数字を突き合わせながら
細かく検証する

❸ 評価 Check

　いろいろな方法を試しているという高野さんは、PDCA サイクルの❸「Check」、❹「Action」を実行せず、❶「Plan」、❷「Do」ばかりを行っている傾向があるのではないでしょうか。何事も、やりっぱなしでは意味がありません。PDCA のサイクルを意識して、目標達成のために計画を立て、実行に移したら、定期的に成果をチェックし、計画どおりに進んでいない場合には、原因を突き止め改善します。原因究明には、「why?」の問いかけが効果的です。

　高野さんはまず、**製造ラインの稼働率を上げることを目標に掲げ（P）、作業実態を調べたところ（D）、製造ラインが60% しか稼働していないことがわかりました（C）。原因を調べると機械の制御システムに問題があることがわかり、改善を行うことで（A）、稼働率が80% に向上、コスト削減に**つながりました。

使い方のポイント　｜　PDCAサイクルはすぐに効果が出るわけではないが、
常に目標を意識して、日々記録をつけることを習慣化することが
サイクルを回し続けるコツ。

44

アール　エスティーピー　エム　エム
R-STP-MM

いろんな種類の機能性ドリンクが増えてるんだなぁ

どこも似たり寄ったり差別化ねぇ

眠くなってきた…
デラシャキ☆飲んどこっと

シャキーーン

ヒラ　メイタ！

よくばり女子のオールインワンドリンク誕生！

ショウガでカラダ温め
肌もっちもちコラーゲンで
乳酸菌で腸内花畑〜♡

輝く女子のミカタ

よくあるビジネスの 問題

飲料水メーカーで開発部門に所属する佐藤さんは、新商品の開発を企画している。すでに多くの種類が発売されている飲料水。他と差別化できる特徴を付加した商品を開発したいと、試行錯誤を繰り返している…。

使い方
効果的なプロセスで
売れる商品を作る

「R-STP-MM」とは、効果的に商品を売るためのマーケティング・プロセスを表したフレームワークです。

まずは競合他社、顧客など市場を調査（R）、次に対象の年齢、性別、地域など市場を分割（S）。利益を上げられそうな標的市場（T）を選んだうえで、競合が少ない場所など、自社の立ち位置（P）を決定。その場所で好ましい結果を引き出すために、4P（P188参照）、4C（P82参照）などのマーケティングツールを組み合わせます（MM：マーケティング・ミックス）。

44 R-STP-MM

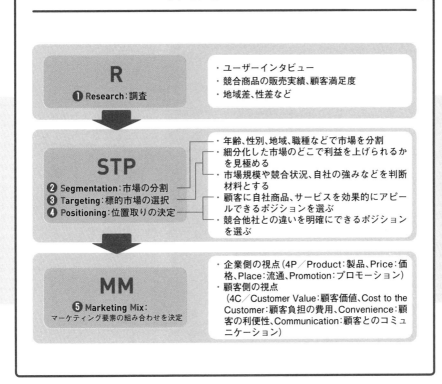

R
❶ Research：調査

・ユーザーインタビュー
・競合商品の販売実績、顧客満足度
・地域差、性差など

STP
❷ Segmentation：市場の分割
❸ Targeting：標的市場の選択
❹ Positioning：位置取りの決定

・年齢、性別、地域、職種などで市場を分割
・細分化した市場のどこで利益を上げられるか
　を見極める
・市場規模や競合状況、自社の強みなどを判断
　材料とする
・顧客に自社商品、サービスを効果的にアピー
　ルできるポジションを選ぶ
・競合他社との違いを明確にできるポジション
　を選ぶ

MM
❺ Marketing Mix：
マーケティング要素の組み合わせを決定

・企業側の視点（4P／Product：製品、Price：価
　格、Place：流通、Promotion：プロモーション）
・顧客側の視点
　（4C／Customer Value：顧客価値、Cost to the
　Customer：顧客負担の費用、Convenience：顧
　客の利便性、Communication：顧客とのコミュ
　ニケーション）

「R-STP-MM」は新商品の開発をするうえでは、うってつけのフレームワークです。

「売れる商品」は「顧客のニーズにぴたりと合った商品」だといえます。佐藤さんはまず、**市場を調査（❶R）**。その結果、働く女性の多くが就寝前にリラックスするためのドリンク剤を飲みたいと思っていることがわかりました。そこで、**「就寝前」という切り口で市場を細分化（❷S）。ターゲットを女性に絞り（❸T）、オフィス街を中心に商品を配置（❹P）。女性受けしそうなソフトなデザインにして、帰宅途中の時間帯に試飲用のドリンク剤を配布するなどしたところ（❺MM）**、大ヒットしました。

使い方のポイント	まずはSTPでターゲットとなる顧客を 明確に設定することがコツ。

45

企業活動を5つの工程に分けて分析する

ポーターのバリューチェーン分析

最近、急激に売上が落ちてるな…

当社のビジネスシューズは履きやすく、質が高いという定評があるにもかかわらず

なぜだ？なぜだ？どうしたら・・・

どりゃー！

V字回復できるんぢゃーい！

これは、V字開脚！

パカーン！

山田さんは、ある意味わが社の「強み」だわ

では、「弱み」も知らなくちゃですね…

どうしたらよいのか・・・

靴の製造販売を行うハクビジシューズは、履きやすく、質の高いビジネスシューズに定評がある。ところが最近、業績が悪化。どうすれば売上を回復できるのか、営業の山田さんは悩んでいる…。

使い方
自社の強み、弱みを知って今後の戦略に生かす

M・E・ポーター博士が提唱したバリューチェーン分析とは、企業活動の全工程を「購買物流→製造→出荷物流→マーケティング→サービス」の5つに分け、どこで商品の付加価値がプラスされているか分析するものです。工程ごとの詳細を分けることで、自社の強み、弱みがどこなのかを把握したり、競合の活動予測ができたりします。例えば、自社の強い分野に資本を集め、弱い分野のコストをカット。コストを削減し、商品の付加価値を高めることで利益を最大化できるのです。

45 ポーターのバリューチェーン分析

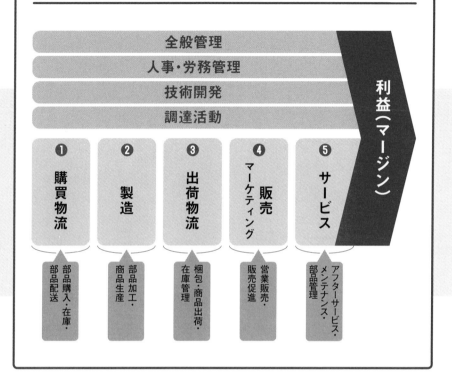

	全般管理			利益（マージン）
	人事・労務管理			
	技術開発			
	調達活動			

❶ 購買物流	❷ 製造	❸ 出荷物流	❹ マーケティング 販売	❺ サービス
部品購入・在庫・部品配送	部品加工・商品生産	梱包・商品出荷・在庫管理	営業販売・販売促進	アフターサービス・メンテナンス・部品管理

　山田さんは自社のハクビジシューズの「❶購買物流→❷製造→❸出荷物流→❹マーケティング→❺サービス」の5工程を見直すことで、改善ポイントがいくつか見えてきました。

　例えば、**購買物流では、これまで国内に限っていた原材料の仕入れ先を海外に変えることで原材料費を下げる、製造では、これまで手作りにこだわっていた工程を一部機械化し省力化する、出荷物流では配送ルートを短縮化することでコストを削減。**マーケティングでは、オンライン販売の開始、スポーツシューズメーカーとのコラボによる若者向けのビジネスシューズ開発など、新しいアイデアも生まれました。

使い方のポイント ｜ 各工程でのコストや、自社の強み、弱みは
　　　　　　　　　　　 競合との比較から分析する。

46

限られた経営資源を効果的に配分する
グー・パー・チョキ理論

社長、どうされました？

うーんうーん…

ウチ、商品点数多いから製造効率悪いんだよね

さすが！社長いいお考えですね！

商品点数を半分に減らすのはどう？

でも、どの商品にも愛着があって…

うぇーん

そうですね…

よくあるビジネスの 問題

シナカズ製菓は中堅の菓子メーカー。チョコレート、スナック菓子、キャンディ等、1000点近くの菓子を製造している。商品点数が多いため製造効率が悪く、コストがかかるのが悩み。社長は、打開策を思案中だ…。

使い方
つかんで(グー)、広げて(パー)、切る(チョキ)！

ランチェスター戦略（P138参照）の中のひとつであるこの理論は、**経営資源を配分するための指針**です。まず、資本のない間は商売を広げすぎずに一点だけに集中して（グー）、経営の安定を図ります。収益が軌道に乗った段階で商品の種類を増やし、ビジネスの手口を広げます（パー）。そして、育ちそうもない商品や部門は切り捨てて（チョキ）、収益が上がる商品、部門に資本を集中していきます。これを繰り返すことで、不要なコストの削減や業績のアップにつながります。

46 グー・パー・チョキ理論

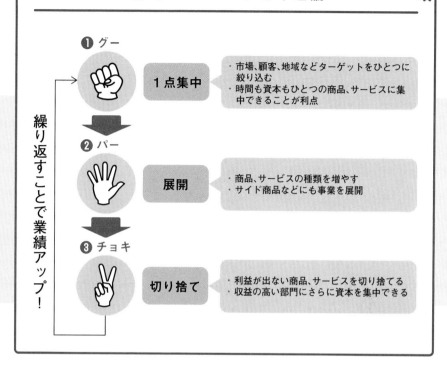

①グー

1点集中
・市場、顧客、地域などターゲットをひとつに絞り込む
・時間も資本もひとつの商品、サービスに集中できることが利点

②パー

展開
・商品、サービスの種類を増やす
・サイド商品などにも事業を展開

③チョキ

切り捨て
・利益が出ない商品、サービスを切り捨てる
・収益の高い部門にさらに資本を集中できる

繰り返すことで業績アップ!

「グー・パー・チョキ理論」では、まず集中するべきターゲットをひとつに絞ります。そこでシナカズ製菓の社長は、商品の売上データから、**比較的売上が好調だったパンダチョコを主力商品と定め（①グー）**、パッケージを一新。店頭の POP やキャンペーンに力を入れることで、売上を向上。パンダチョコの認知度が高まったところで、**パンダチョコのお徳用パック、イチゴ味パンダチョコ、抹茶味パンダチョコなど、シリーズ展開を行いました（② パー）**。シリーズ商品の売上を分析し、プレーン、抹茶味などよく売れているものは残し、きなこ味、ゴマ味など**あまり売れていない商品は生産中止（③チョキ）**に。現在は、パンダグミを次の主力商品とするべく開発中。今後もグー・パー・チョキ理論を繰り返していきます。

使い方のポイント │ この理論を成功させるためには
│ どの部分に集中するか（グー）が重要。
│ 的を絞る際に選択を誤らないこと。

ツール 47

確かな現状把握で、目標を達成していく

シェア（26％・40％・70％）の法則

よくあるビジネスの 問題

カーツクル工業は、小さな町工場ながら、自動車部品では、現在の国内シェアは11％で業界第3位。社長は、まだまだシェアを伸ばしたいと考えているが、社員たちは現状に満足してしまっている。業界第4位の企業に追い抜かれそうなので、なんとか社員たちをがんばらせたいのだが…。

使い方
シェア率が発するサインを
見極め、戦略設計に生かす

　市場占有率から、自社の市場での立ち位置を知り、目標達成に有効な戦略を設計するための道具がシェアの法則です。70％を超えれば市場独占で、トップを奪われることはほぼないでしょう。40％なら相対的安定シェアで、不測の事態がない限りトップの地位は安泰です。そして、26％は市場影響シェア。現在トップだとしても、いつ逆転されてもおかしくありません。2.8％以下は挽回不可能です。

47 シェア（26%・40%・70%）の法則

市場占有率の目安

シェア	シェア区分	どのような意味を持つか
73.9%	市場独占シェア	独占的な市場シェア。逆転される可能性は限りなく低い（ただし、市場自体が消滅すると無力化）
41.7%	相対的安定シェア	首位独走の状態。不測の事態がなければ安定
26.1%	市場影響シェア	トップとしては最低条件の目標値。いつ逆転されてもおかしくない
19.3%	並列的上位シェア	弱者の中から一歩抜け出て上位に入る目標値
10.9%	市場認知シェア	弱者であっても市場に影響を与えられる程度の目標値
6.8%	市場存在シェア	かろうじて存在を認められる目標値。上位に入ることは難しい
2.8%	市場拠点シェア	市場に参入できたか否かの目標値。市場に残っていくことは難しい

　ビジネスの成長のためには目標を設定し、そこに向けて戦略立案・実行することが不可欠です。適切な目標設定をするためには、まず自分の立ち位置を知る必要があります。

　カーツクル工業は現在のシェア率11%。これは市場において存在だけは認知されているという程度です。ここに甘んじていては、いつシェア第3位から転落するかわかりません。この**危機感をまずは社員と共有**しましょう。そして**並列的上位シェアの19%をねらって、同じような弱者の中から一歩抜け出ることを目標に**します。そこが**達成できたら、次は26%を目標に**。高すぎる目標は無謀な戦略設計につながるので、段階的に引き上げましょう。

使い方のポイント　│　市場参入からしばらくしてもシェアが低い場合、市場全体よりも商品、地域など、より細分化して26.1%の中で1位を取ることを考えよう。

よくあるビジネスの 問題

ムテンルトフーズは、化学調味料無添加惣菜のレトルト食品シリーズがワーキングマザーに大人気。ところが原材料価格の高騰により、利益が低迷。生産管理部の中村さんは、社長から改善を迫られている…。

使い方
コストダウンは機能と
コストのバランスで決める

　商品の機能（Function）を達成する手段の中で最もコスト（Cost）の安い手段によりその機能を達成できれば、商品の価値（Value）は高まる、というのが VE の基本的考え方です。ただし、安易にコストを下げても、求められている機能を達成できなければ価値は下がります。また、機能を下げたとしても、コストをそれ以上に下げれば、価値は相対的に上がります。機能とコストのバランスを考えることが大切です。

48　価値工学（VE）

この食品にはどんな特徴があるのですか？

レトルトで手軽。しかも、化学調味料無添加。おいしいうえに安全です。ただ、最近原価が上がって困っています

それなら、パッケージはもっと簡易で、安価な素材でも商品の質は落ちませんよ。食材も契約農家と大口の契約を結んでおけば、天候不良などのときも安心ですね

$$❶ 価値（Value）= \frac{❷ 本質的機能・価値（Function）}{❸ コスト（Cost）}$$

　ムテンルトフーズが利益を上げるためには、商品の値上げが考えられますが、同社のメインターゲットである、働くママたちは値段にシビアなので値上げは難しそうです。そこで生産管理部の中村さんは、価値工学（VE）の手法（❶「価値」、❷「機能」、❸「コスト」）により、製造コストを下げて商品価値を上げることにしました。

　この手法では、商品の本質的機能を追求することが重要です。同社は、レトルトなのにおいしく、化学調味料無添加という食の安全性が最大の特徴です。製造コストを下げる方法として食材の質を下げれば、商品の本質的価値が損なわれ、ママたちが離れてしまいます。そこで、**食材の質は下げずに、製造コストの削減を目指す**ことにしました。**契約農家に年間の仕入れ量を確約し、その代わりに仕入れ値を下げてもらう、パッケージを簡易化する**、などの方法が考えられます。

使い方のポイント　│　商品の本質的な機能実現が主役。
　　　　　　　　　　その手段を改善する、という発想が大切。
　　　　　　　　　　妙案が出るには、能力ある人材を集められるかどうかがカギ。

49

過去と現在を比較して、未来を明確にする

Before/After

ビ フ ォ ア　 ア フ タ ー

よくあるビジネスの 問題

クロイ商事では、働き方改革で残業を減らすために業務改善が大きな課題となっている。特に経理部は残業時間が長く、課長の長野さんは、残業を減らすための改善プランを提出するように部長から命じられたが、どうすれば説得力のあるプランができるのか悩んでいる…。

使い方
時系列で仕事をとらえ、企画の方向を決める

　問題解決には、まず正しい現状把握が必須です。今、どのような状況にあるのか、これを将来どう改善したいのか。**理想の未来像を描き、そこから逆算すると、今何をすべきかが明確に見えてきます。**未来はこうなるというゴールのイメージがはっきりすることで、やみくもにがんばるよりも効率が上がり、社員のモチベーションも維持しやすくなります。

49 Before/After

❶
Before（これまで）

➡

❷
After（これからの目標）

| 残業時間が長い | 方針 | 残業をなくす |

業務改善の具体的施策

Before側:
- システムが古く処理が遅い
- 紙の経費精算書を経理部でシステムに入力して処理
- 請求書の作成・出力・封入・郵送を手作業で経理部が担当

After側:
- 新しいシステムで処理スピードをアップ
- 経費精算書を電子化。各自がオンライン処理
- 請求書の作成を電子化。自動でメール送信

　ただ「残業を減らせ」と言われても、漠然としすぎて何をしたらいいか不明確です。❶「Before」、まず何が残業の原因なのかを突き止めることからスタートしましょう。

　クロイ商事の長野さんは、経理システムが古く、データの処理スピードが遅いこと、入力が複雑で手間がかかることに着目。❷「After」、これを改善するために、処理スピードが速く、入力も簡単なシステムを導入してサクサクと作業が進んでいる未来像をイメージしました。その実現のために、**数社のシステム会社に見積りを依頼。システム入れ替えまでのロードマップを作成し、上司に新システムに入れ替えることのメリットをプレゼンした**ところ、晴れて新システムが導入され、残業時間は大幅に削減されました。

使い方のポイント | 現状だけでなく未来像から発想することで、思い切った改善案が見つかる。また、よい未来像はそこに向けて前進するモチベーションにもなる。

50 1日3分割法

入社3か月 鈴木さんの場合

午前中、集中力を必要としない仕事をしている

午後、体力を使わない仕事をしている

定時後に締切間際の仕事をしている

明日のプレゼン資料が間に合わないよ〜

しゅん…

教えて下さい

だから、いつも段取りが悪いんだよ！

よくあるビジネスの 問題

新入社員の鈴木さんは、営業に配属されて3か月。ようやく仕事に慣れてきたが、時間内に仕事が片付かず、いつも「段取りが悪い」と先輩に注意されている。先輩のようにてきぱきと仕事を片付けるにはどうすればいいのか悩んでいる…。

使い方
1日を3分割して メリハリよく仕事を処理する

1日3分割法は1日を午前中、午後、定時後に分割することでメリハリをつける考え方です。午前中は集中力があるので頭を使う仕事や短時間で終わる仕事、午後は時間がかかる仕事や体力を使う仕事に向いています。定時後は自分の意思で時間を自由に設定。自己研鑽のために使うもよし、リフレッシュのために使うもよし。適度な気分転換で生活が充実し、仕事の効率もアップします。

50 1日3分割法

解決!

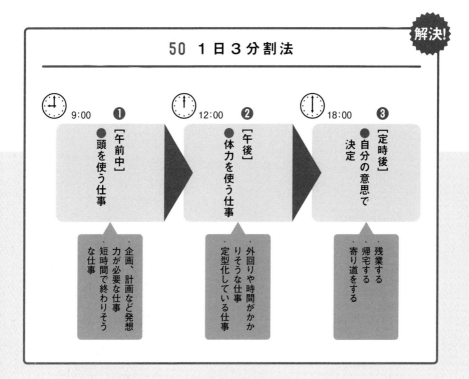

9:00 ❶

【午前中】
●頭を使う仕事

・企画、計画など発想力が必要な仕事
・短時間で終わりそうな仕事

12:00 ❷

【午後】
●体力を使う仕事

・外回りや時間がかかりそうな仕事
・定型化している仕事

18:00 ❸

【定時後】
●自分の意思で決定

・残業する
・帰宅する
・寄り道をする

「1日3分割法」は1日を、❶「午前」、❷「午後」、❸「定時後」に時間割りするものです。

仕事ができる人は、例外なく時間管理が上手です。新入社員の鈴木さんは、先輩に教えてもらった1日3分割法を実践するために、まず自分の仕事を「短時間で終わる仕事」「頭を使う仕事」「体力を使う仕事」「時間のかかる仕事」「定型化している仕事」「自分の意思で決定する仕事」に分類。そして、メールチェックや見積書の作成など、短時間で終わりそうな仕事、発想力を要する企画のアイデア出しは午前中、得意先回りや定型的な報告書づくり、時間のかかりそうな資料作成などは午後、と仕事を振り分けました。すると、いつもより仕事が速く進み、定時に終わるように。退社後はキャリアアップに備えて勉強会に参加したり、ジムに通ったりする時間も確保。毎日が充実し、仕事にも前向きに取り組めるようになりました。

使い方のポイント | 1日3分割法に早朝の1時間を加えたものが4分割法。
早寝早起きで自分を高めるための大切な時間にあてよう。

第 **6** 章

計画推進

ビジネスを強化するためには、経営資源＝「ヒト・モノ・カネ・情報」の適切な投入と強化が不可欠。また、「撤退⇔新規」を繰り返すことで新陳代謝を図っていかなければなりません。速やかな意思決定にもフレームワークが有効です。

51 状況に応じた組織形態で事業を進める
フォーマル・インフォーマル ▶ P176

52 報告・連絡・相談で円滑なコミュニケーションをとる
ホウレンソウ ▶ P178

53 企業の危機には必ず原因がある
組織敗北の６つの状態 ▶ P180

54 上位20％の動かし方で勝者が決まる！
みこし担ぎの法則 ▶ P182

55 捨てる仕事を見極めて効率を上げる
仕事の足し算・引き算 ▶ P184

56 ４つの宝の相乗効果で競争力を上げる
ヒト・モノ・カネ・情報 ▶ P186

57 売れる仕組みを考える
マーケティングの４P ▶ P188

58 顧客が購買するまでの段階を設定する
AIDMAモデル ▶ P190

59 「ウマい・安い・早い」のバランスが大事
QCD（Quality・Cost・Delivery） ▶ P192

60 いい状態と悪い状態の違いの原因を突き止める
is/is not分析 ▶ P194

組織の見直し

硬直化した組織を変革するには、コミュニケーションを活発にし、自社の現実を厳しく見直す必要があります。そのためのフレームワークを紹介します。

51 | フォーマル・インフォーマル

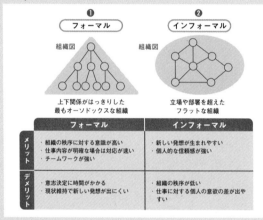

組織では状況により、階層型のフォーマル組織と、フラットなインフォーマル組織を使い分ける必要がある。

53 | 組織敗北の6つの状態

負け方	意味
❶ 走（そう）	敵の数や力に圧倒されて走って逃げる ・小さな企業が大企業に正面からぶつかっても勝ち目はない
❷ 弛（ち）	幹部が弱く、部下が強い ・規則やルールが甘く、社員をしっかり管理できない
❸ 陥（かん）	幹部が強く、部下が弱い ・管理体制が厳しく、完全トップダウンで社員の士気が下がる
❹ 崩（ほう）	最高責任者と幹部が対立 ・トップが事実上2人いることになり、統率が乱れ内部崩壊する
❺ 乱（らん）	最高責任者が優柔不断 ・基本方針や戦略が定まらず、トップが統率力を持たない
❻ 北（ほく）	最高責任者が現状把握能力に欠け、場当たり的対応に終始 ・競合相手や顧客をよく理解せずに敗戦必至の戦い方をする

「走・弛・陥・崩・乱・北」は敗北するときの6つの状態。ひとつでも当てはまる場合は早急に対応が必要。

仕事の段取り

日々の業務を段取りよく進めることで無駄な作業が減り、生産性が向上します。そのために有効なフレームワークを紹介します。

52 | ホウレンソウ

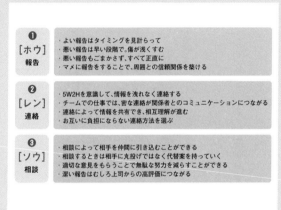

❶
[ホウ]
報告
・よい報告はタイミングを見計らって
・悪い報告は早い段階で。傷が浅くすむ
・悪い報告もごまかさず、すべて正直に
・マメに報告をすることで、周囲との信頼関係を築ける

❷
[レン]
連絡
・5W2Hを意識して、情報を漏れなく連絡する
・チームでの仕事では、密な連絡が関係者とのコミュニケーションにつながる
・連絡によって情報を共有でき、相互理解が進む
・お互いに負担にならない連絡方法を選ぶ

❸
[ソウ]
相談
・相談によって相手を仲間に引き込むことができる
・相談するときは相手に丸投げではなく代替案を持っていく
・適切な意見をもらうことで無駄な努力を減らすことができる
・潔い報告はむしろ上司からの高評価につながる

報告・連絡・相談は組織内のコミュニケーションを円滑にし、問題の早期発見・解決にもつながる。

55 | 仕事の足し算・引き算

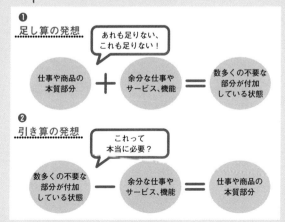

❶
足し算の発想

あれも足りない、これも足りない！

仕事や商品の本質部分　＋　余分な仕事やサービス、機能　＝　数多くの不要な部分が付加している状態

❷
引き算の発想

これって本当に必要？

数多くの不要な部分が付加している状態　－　余分な仕事やサービス、機能　＝　仕事や商品の本質部分

「これは本当に必要な仕事か？」という引き算の発想で仕事に取り組むことで、余裕が生まれ成果も上がる。

経営資源の管理

限りある経営資源を無駄にしないためには、優先順位を明らかにし、適切な資源配分を行う必要があります。そのために有効なフレームワークを紹介します。

54 | みこし担ぎの法則

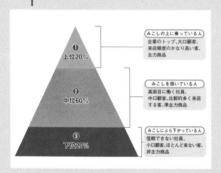

上位20％が価値を生み、中間の60％は多少価値を創出、下位20％は足を引っ張るという法則。

56 | ヒト・モノ・カネ・情報

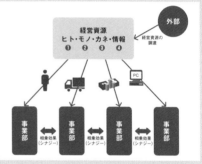

ヒト・モノ・カネ・情報は、経営資源のこと。経営状況に応じた適切な資源配分が経営効率向上のカギ。

59 | QCD （Quality・Cost・Delivery）

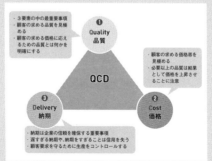

品質・価格・納期のこと。品質は高いほど、価格は低いほどよい。納期は必ず守る。この3つのバランスが重要。

売れるアプローチ

自社の製品やサービスが顧客のニーズに合っているか、戦略が消費者の心理に合っているかを知るために役立つフレームワークです。

57 | マーケティングの4P

製品、価格、流通、プロモーションの4つの要素から製品が売れる仕組みを考える。販売戦略等の立案に使用。

58 | AIDMAモデル

注意⇒興味⇒欲求⇒動機⇒行動の頭文字。顧客の購買意欲の段階を表したもの。販売戦略立案に使用。

比較分析

自社と他社の比較、類似商品の比較など、比較分析は課題解決のためによく使われるフレームワークです。

60 | is/is not分析

一方に合ってもう一方にはないものを比較して違いの原因を洗い出し、改善の手がかりを考える手法。

51

状況に応じた組織形態で事業を進める

フォーマル・インフォーマル

よくあるビジネスの 問題

AZ データ社は、ワンマン社長によるトップダウンが強い会社。社長の言うことは絶対で、誰も反対意見を言えない雰囲気。新しい企画を提案し、課長、部長の了承を得ても社長の OK がなければ実行できない。開発の田中さんは、このスピード感では競合他社に負けてしまうと不安で仕方がない…。

使い方
組織を柔軟に使い分け、
生産性を高める

組織には**フォーマル（公）組織**と、**インフォーマル（私）組織の2つの組織が存在**します。前者は役割や権限が明確な階層型の組織で、会社の組織図に記されるもの。後者は部署を超えて個人の信頼関係によってつながる非公式な組織のことをいいます。両者にはメリットとデメリットがあり、状況によって柔軟に使い分けることが重要です。

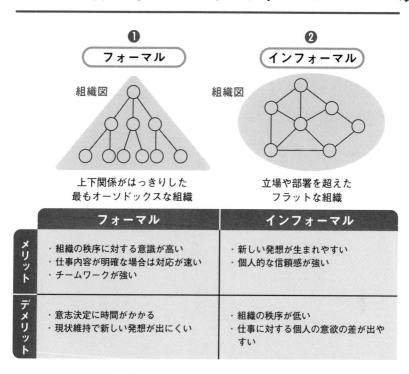

51 フォーマル・インフォーマル

解決!

❶ フォーマル

組織図

上下関係がはっきりした
最もオーソドックスな組織

❷ インフォーマル

組織図

立場や部署を超えた
フラットな組織

	フォーマル	インフォーマル
メリット	・組織の秩序に対する意識が高い ・仕事内容が明確な場合は対応が速い ・チームワークが強い	・新しい発想が生まれやすい ・個人的な信頼感が強い
デメリット	・意志決定に時間がかかる ・現状維持で新しい発想が出にくい	・組織の秩序が低い ・仕事に対する個人の意欲の差が出やすい

❶「フォーマル」な組織は上下関係がはっきりしているので、やるべきことが明確なときはスピーディにことが運ぶメリットがあります。一方、❷「インフォーマル」な組織は、自由でフラットな組織なので意見が言いやすく、商品開発や新規事業に向いています。例えばトヨタでは、フォーマルで今日の業績を上げ、インフォーマルで未来の業績を上げる、と区別しています。

ＡＺデータ社の田中さんが新企画や新規事業を進めたいのであれば、**社内にインフォーマルなプロジェクトチームを作り、スモールステップで進めていくのがひとつの手。小さな成果を積み上げたうえでトップに提案をする**ことで説得力が増し、トップからのゴーサインを引き出しやすくなります。

使い方のポイント | 部署を超えてインフォーマルな組織を作るのであれば、キーパーソンとなる人を巻き込むことがポイント。

報告・連絡・相談で円滑なコミュニケーションをとる

52 ホウレンソウ

新入社員の高野さんは、取引先から午前中に届けるように頼まれていた商品サンプルをうっかり午後に届けてしまった。後でそれを知った上司から「どうしてすぐに報告しなかったのか」とひどく叱られた…。

使い方
密なコミュニケーションが信頼関係につながる

「ホウレンソウ」とは「報告・連絡・相談」のことで、コミュニケーションの基本です。

　自分の仕事の進捗、営業結果、取引先とのトラブルなど、細かなことでもマメに報告することで仕事が円滑に進みます。特に、問題が起きたときほど早く上司に報告し、相談しましょう。早期に対応することで問題解決へと向かうことができ、トラブルを最小限に抑えることができます。

　また、複数の人が関わる事業では、連絡を密にとり、情報を共有しましょう。

52 ホウレンソウ

❶ [ホウ] 報告

- よい報告はタイミングを見計らって
- 悪い報告は早い段階で。傷が浅くすむ
- 悪い報告もごまかさず、すべて正直に
- マメに報告をすることで、周囲との信頼関係を築ける

❷ [レン] 連絡

- 5W2Hを意識して、情報を洩れなく連絡する
- チームでの仕事では、密な連絡が関係者とのコミュニケーションにつながる
- 連絡によって情報を共有でき、相互理解が進む
- お互いに負担にならない連絡方法を選ぶ

❸ [ソウ] 相談

- 相談によって相手を仲間に引き込むことができる
- 相談するときは相手に丸投げではなく代替案を持っていく
- 適切な意見をもらうことで無駄な努力を減らすことができる
- 潔い報告はむしろ上司からの高評価につながる

　高野さんの問題は、商品サンプルの発送が遅れたというミスよりもむしろ、「このくらいは報告しなくていい」と勝手に判断して上司に報告しなかったことにあります。もし、すぐに報告していれば「次から気をつけるように」と言われただけですんだかもしれません。

　小さなミスと思っていても思いのほか大きなトラブルに発展することもあります。早めの❶「報告」は、報告不足による事件・事故を未然に防ぐことにもつながります。また、何でも自分だけで解決しようとせず、経験豊富な上司に❸「相談」することで、効率よく片付くかもしれません。相談したことで、その人の評価はマイナスになるどころかプラスになるでしょう。上司も頼りにされて、悪い気はしないものです。さらに、常に❷「連絡」をとることを心掛ければ、関係者間の相互理解につながり協力関係が得られます。

使い方のポイント ｜ 上司は自分の知らないところで問題が起こることを嫌う。
一方、普段からホウレンソウを欠かさなければ、緊急時にも
上司やチームからの支援が期待できる。

53

企業の危機には必ず原因がある

組織敗北の6つの状態

よくあるビジネスの 問題

酒造メーカーの呑田社は創業100年を超える老舗だが、最近の日本酒離れで売上は低迷。昔からの杜氏も高齢で後継者づくりが課題だ。社長は頑固一徹、製造も販売も従来の方法を変えようとしない。経営陣は社長に不満を持ちつつも、意見が言えないイエスマンばかりで、社内には活気がない…。

使い方
失敗に至る法則を
知ることで組織を守る

孫子は組織が敗北するとき「走・弛・陥・崩・乱・北」の6つの状態になる、と説きました。「走」は敵の力に圧倒されて走って逃げること、「弛」は組織の規制が弛むこと、「陥」は規律が厳しすぎること、「崩」は組織の統率がとれず崩壊すること、「乱」は基本方針が定まらず組織が乱れること、「北」は敵の情勢を知らず無謀に戦うことを意味します。ひとつでも当てはまる組織は、早急に組織改革が必要です。

53 組織敗北の6つの状態

負け方	意味
❶ 走 <small>そう</small>	**敵の数や力に圧倒されて走って逃げる** ・小さな企業が大企業に正面からぶつかっても勝ち目はない
❷ 弛 <small>ち</small>	**幹部が弱く、部下が強い** ・規則やルールが甘く、社員をしっかり管理できない
❸ 陥 <small>かん</small>	**幹部が強く、部下が弱い** ・管理体制が厳しく、完全トップダウンで社員の士気が下がる
❹ 崩 <small>ほう</small>	**最高責任者と幹部が対立** ・トップが事実上2人いることになり、統率が乱れ内部崩壊する
❺ 乱 <small>らん</small>	**最高責任者が優柔不断** ・基本方針や戦略が定まらず、トップが統率力を持たない
❻ 北 <small>ほく</small>	**最高責任者が現状把握能力に欠け、場当たり的対応に終始** ・競合相手や顧客をよく理解せずに敗戦必至の戦い方をする

　自社の組織を冷静に分析する方法として、「組織敗北の6つの状態」という フレームワークがあります。6つの状態とは、❶「走」、❷「弛」、❸「陥」、 ❹「崩」、❺「乱」、❻「北」です。

　呑田社を「6つの状態」でチェックすると、社長がワンマン、現状把握能 力が欠けている点で「陥」「北」、経営陣が本心では社長に不満を持っている 点で「崩」の3つの状態に合致し、早期の改革が必要です。

　呑田社では、まずは内部崩壊を防ぐために、社長に意見を言いやすい**風通 しのよい組織づくりを目指し、経営陣や若手の不満を解消する**ことが最も重 要です。忌憚のない意見を戦わせることで、**オンライン販売やネットによる プロモーションに着手したり、杜氏のノウハウを AI に移行**したりするなど、 新たな知恵が生まれてくるものです。

使い方のポイント　｜　6つの状態のどれかに陥っていないか、定期的にチェックする。
　　　　　　　　　　｜　早期発見、早期解決が大切。

54 みこし担ぎの法則

よくあるビジネスの 問題

鈴木さんは紅茶、緑茶、コーヒーなどの飲料メーカーの営業部に所属。自社の自販機で取り扱っている飲料の品ぞろえを見直し、売上を向上したいが、その方法がわからず悩んでいる…。

使い方
A・B・Cでランク分けを行い
資本や時間、人員を配分する

「みこし担ぎの法則」はパレートの法則（P56参照）の応用編。

商品や顧客などの対象を上位、中位、下位の3つに分け、上位20％は価値を生み出し、中位60％は多少の価値を創出、下位20％は足を引っ張る、と評価します。

この方法で商品やサービス、顧客などをランク分け。上位のものに資本や時間、人員を多く配分することで、より多くの利益を効率的に得ることができます。

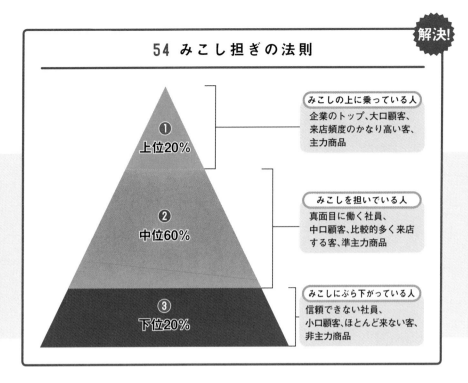

54 みこし担ぎの法則

① 上位20%

みこしの上に乗っている人
企業のトップ、大口顧客、来店頻度のかなり高い客、主力商品

② 中位60%

みこしを担いでいる人
真面目に働く社員、中口顧客、比較的多く来店する客、準主力商品

③ 下位20%

みこしにぶら下がっている人
信頼できない社員、小口顧客、ほとんど来ない客、非主力商品

「みこし担ぎの法則」は、商品やサービスなどを重要度でランク分けし、それぞれの重要度に応じた管理方法を実施するために最適な手法です。まず❶「上位20%」をみこしの上に乗っている人と定義し、同じように❷「中位60%」をみこしを担いでいる人に、❸「下位20%」をみこしにぶら下がっている人と位置付けます。

鈴木さんは自動販売機で取り扱う飲料の個々の売上本数を調べ、上位20%をA、中位60%をB、下位20%をCと分類することから始めましょう。**Aは、最も目立つ位置に並べ、気象情報も勘案しながら在庫切れのないよう商品を供給。**売れ筋が変わる季節の変わり目は要注意です。**Aと合わせて80%の売り上げを占めるBも、在庫を切らさないよう注意**して管理。あまり動きのないCは、**適宜商品の入れ替え**を行っていくことにするとよいでしょう。

使い方のポイント 　下位20%はマニアが多いニッチ層へのアプローチが可能。
　在庫管理の費用を極力減らしながらも、安易に切り捨てないようにしよう。

捨てる仕事を見極めて効率を上げる

55 仕事の足し算・引き算

準備するのに十分な時間があるな

10日後のプレゼン、任せたよ

ハイ

田中、これやっといてー

田中さん、これ、お願いしまーす

ハイ　ハイ

ドス

でーーん！

仕事が山積み…

断り切れず

ぎょ！

ヤバイ！プレゼンの準備進んでないよ〜

3　4　5

10　11　12

プレゼン

よくあるビジネスの 問題

田中さんは、10日後のプレゼンを担当することに。10日あれば準備は十分、と思っていたのだが、急な飛び込みの仕事を頼まれると断れず、仕事は増えるばかり。気がつくとプレゼン5日前。準備が進まず焦っている…。

使い方
**必要事項を把握して、
作業時間を見積もる**

「不足分を補う」という発想で仕事をとらえると、仕事はどんどん増えていきます。これが足し算の発想。一方、「これは本当に必要な仕事か？」という視点で仕事をとらえるのが引き算の発想。やればやるほど仕事が減っていく状態にすることが大切です。足し算の発想は、やればやるほど仕事が増え、先の見通しが悪くなります。「本当に必要なものは何か」という引き算の発想で仕事を見ると、本質である一点に集中できます。

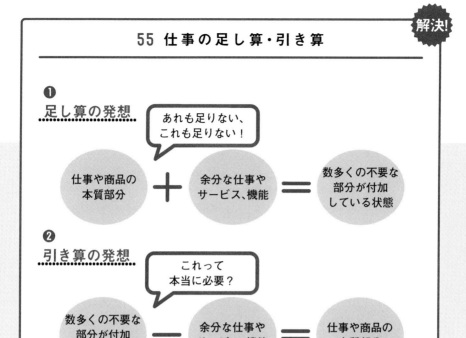

55 仕事の足し算・引き算

解決！

❶ 足し算の発想

あれも足りない、これも足りない！

仕事や商品の本質部分 ＋ 余分な仕事やサービス、機能 ＝ 数多くの不要な部分が付加している状態

❷ 引き算の発想

これって本当に必要？

数多くの不要な部分が付加している状態 － 余分な仕事やサービス、機能 ＝ 仕事や商品の本質部分

　仕事を「あれも、これも」と安請け合いしていると、結局こなしきれず、すべてが中途半端な状態になり、かえって評価を下げることになりかねません。仕事は❶「足し算」ではなく、❷「引き算」の発想で。まずは抱えている仕事の納期を確認し、すぐに処理すべきか、明日以降でもよいか、他人に任せられるか、断るべきか分類します。断る仕事、他人に任せる仕事を除いて残った仕事についてのみ、具体的な計画を立てて実行しましょう。

　田中さんは、**プレゼンを最優先とし、それ以外の仕事を今すぐ処理する、プレゼン後に処理する、断る、の３つに分類し、５日間の計画を立てました。**引き算の発想で、やるべきことを絞り、集中してプレゼンの準備に取りかかっています。

使い方のポイント ｜ ゴールを明確にして逆算すると、今すべきことが見えてくる。
｜ 「やったほうがいい仕事」は「やらなくてもいい仕事」。

56

ヒト・モノ・カネ・情報

４つの宝の相乗効果で競争力を上げる

若い人達に任せるよ

え〜！田中さん、もうすぐ退職なんですか？

残念ですさみしくなるなぁ

そうだ！

もったいないなぁ
田中さんの技術を残すことできないかなぁ

テン
トン
ヤン

完成！
AI搭載
田中ロボ零号機

コンニチワ
ボク
タナカ

よくあるビジネスの 問題

田中さんは、勤務する設備メーカーが誇る熟練工だが、高齢で引退する日も間近だ。田中さんの技術を失うことは会社にとって大きな損失で、同じ製造部門の川中さんは、その技術をなんとか残す方法はないかと悩んでいる…。

使い方
経営資源は
相互作用しあうもの

ヒト（社員）、モノ（機械や設備など）、カネ（お金）、情報（技術やデータなど）は企業経営に必要不可欠な「経営資源」。有限の経営資源を企業の経営状態に応じて適切に配分することで、経営効率が上がります。

また、これらは通常、別々の部門で管理されていますが、お金が動けば人も物も動き、お金を動かすには情報が必要。相互に作用しあっています。異なる部門の社員交流や、全部門の情報の一括管理など、相互作用による相乗効果を最大化させましょう。

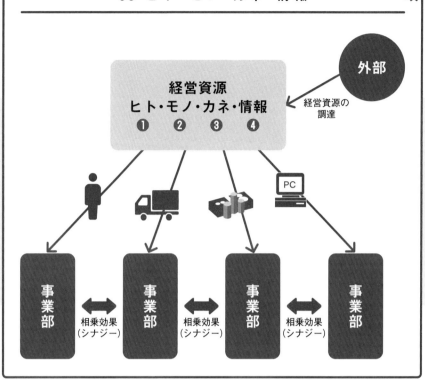

56 ヒト・モノ・カネ・情報

解決！

外部

経営資源
ヒト・モノ・カネ・情報
❶　❷　❸　❹

経営資源の
調達

PC

事業部　←相乗効果（シナジー）→　事業部　←相乗効果（シナジー）→　事業部　←相乗効果（シナジー）→　事業部

　田中さんのように高い技術やノウハウを持つ熟練工は、会社にとって最重要の「ヒト」資源であるとともに、その技術やノウハウは「情報」資源にも該当します。

　そこで、川中さんは熟練工の技術を体系化してデータベース化することを提案。また、作業中の手元の様子を映した映像を社員しかアクセスできないようにしたうえでウェブ上に公開しました。技術を❹「情報」として残すことで、若手に技術が伝わり、❶「ヒト」が育ちます。また機械の効率的な使用方法も伝わるため、❷「モノ」資源を有効活用でき、ひいては業績が向上し、❸「カネ」資源も生み出すことになります。

使い方のポイント　｜　「情報」は「知性」も含む。
情報＝インフォメーション（顧客情報、ＩＴ、各種データ）＆
インテリジェンス（ノウハウ、特許、著作権）

売れる仕組みを考える

57 マーケティングの 4P
よん ピー

Product

Place

Promotion

よくあるビジネスの 問題

飲料メーカーのゴクドリンク社で企画開発を担当する水田さんは、現在新商品を企画、開発中。コンセプトは、これまでにない発想の「売れる」飲料水。斬新な商品を求め、思案中だ…。

使い方
4つの視点での分析が売れる戦略につながる

「マーケティングの4P」とは、「製品（Product）」「価格（Price）」「流通（Place）」「プロモーション（Promotion）」の4要素から、商品が売れる仕組みを考えること。

4つの視点から、自社の商品、サービスが顧客にとって魅力的であるかどうかを検討し、戦略を立案します。

どのような商品やサービスを、どの程度の価格で、どのような手段で、どのような場所で販売するか。4Pのすべてが適切に機能することで、売れる仕組みが作れるのです。

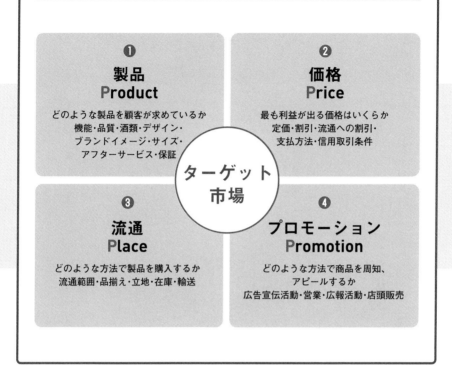

57 マーケティングの4P

❶ 製品 Product

どのような製品を顧客が求めているか
機能・品質・種類・デザイン・
ブランドイメージ・サイズ・
アフターサービス・保証

❷ 価格 Price

最も利益が出る価格はいくらか
定価・割引・流通への割引・
支払方法・信用取引条件

ターゲット市場

❸ 流通 Place

どのような方法で製品を購入するか
流通範囲・品揃え・立地・在庫・輸送

❹ プロモーション Promotion

どのような方法で商品を周知、
アピールするか
広告宣伝活動・営業・広報活動・店頭販売

　売れる仕組みを作るためには、ターゲット市場に向けて、❶「製品」、❷「価格」、❸「流通」、❹「プロモーション」の4Pを重要視することです。

　水田さんは「マーケティングの4P」の手法を使って、飲料水市場を詳しく調査し、中高年男性をターゲットとする商品が少ないことに着目した。運動する時間が少ない、メタボも気になる、そんな**中高年男性向けに健康成分を多く配合したお茶の販売を決定**。昼食をコンビニで購入する男性が多いことから、**コンビニを流通の主力とし、差別化を図るためにあえて価格は高めに設定。テレビCMでは、ターゲットと同世代、太めの体形で有名な俳優オオキを起用**しました。4Pが見事に機能して、商品は大ヒットしました。

使い方のポイント　｜　4Pが適切に機能するには、
何度もPDCA（P154参照）を回すことが重要。

58 AIDMAモデル

顧客が購買するまでの段階を設定する

自動車販売会社の営業部に所属する車谷くんは、熱心に営業活動をしているが、売上は伸び悩んでいる。営業部長から「デザイン性が高く高性能な自社製品が売れないのは、君の営業が甘いせいだ」と叱られてしまった…。

使い方
販売促進戦略の指標となる
5段階の購買意欲

「AIDMA」とは、「注意（Attention）」「興味（Interest）」「欲求（Desire）」「動機（Motive）」「行動（Action）」の頭文字を並べた、顧客の購買意欲の段階を定義するプロモーションノウハウのひとつです。顧客の購買意欲は、注意から行動まで順番に変化するため、効果的な販売促進戦略を立てるには、対象の顧客が現状でどの段階かを見極める必要があります。顧客の購買意欲の段階を把握できれば、次のステップに導くために仕掛けるべき一手を打ち出すことが可能になります。

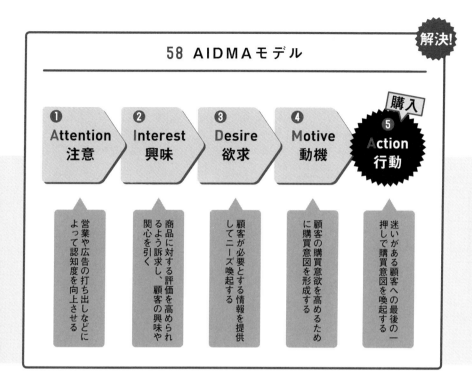

58 AIDMAモデル

解決!

❶ **Attention** 注意
営業や広告の打ち出しなどによって認知度を向上させる

❷ **Interest** 興味
商品に対する評価を高められるよう訴求し、顧客の興味や関心を引く

❸ **Desire** 欲求
顧客が必要とする情報を提供してニーズ喚起する

❹ **Motive** 動機
顧客の購買意欲を高めるために購買意図を形成する

❺ **Action** 行動 **購入**
迷いがある顧客への最後の一押しで購買意図を喚起する

「AIDMA モデル」とは、❶「注意」、❷「興味」、❸「欲求」、❹「動機」、❺「行動」の５段階の購売意欲を指します。

　商品を購入してもらうためには、ただやみくもに営業するのではなく、顧客の購買意欲を一段階ずつ前進させなければなりません。まずは顧客の注意を引くこと、つまり広告の打ち出しなどにより、顧客に商品を認知させることから販売促進活動は始まります。

　商品を知ってもらえたのであれば、次は商品が持つ魅力をアピールして顧客の興味を引き出しましょう。ただし、いくら興味を持ったとしても、商品を欲しいと思う理由がなければ購入にはつながりません。そこで顧客に「自分にはこの商品が必要だ」と思わせるようなニーズ喚起と、購入の動機につながる購入意図の形成が必要になります。

　動機に到達して商品を欲しいと思ってもらえたのであれば、あとは最後の一押し。例えば**経済的な理由で行動に踏み切れない顧客**が相手であれば、**低金利や分割回数の多い自動車ローンを紹介するといった顧客の購入意図を喚起する一手**が決め手となります。

59

「ウマい・安い・早い」のバランスが大事

キューシーディー
QCD（Quality・Cost・Delivery）

うちの会社は、「ウマい、安い、早い」が売りの外食チェーン

原材料費の高騰で「安い」が難しくなってきた

原材料はそのままに値上げに踏切り、「ウマい」をとるか

食材を安価なものにし、少々味が落ちても「安い」をとるか

よし！味が落ちても「安い」をとろう！

むずかしい―！

大失敗！

マズいと不評で業績悪化してます！

あちゃ

よくあるビジネスの 問題

外食チェーン、オテゴロ屋は「ウマい、安い、早い」が売り。ところが最近、原材料費の高騰により、低価格の維持が困難に。そこで、食材を安価なものに変更し、なんとか値上げをせずにすんだ。しかし、味が落ちたと不評で業績が低迷。営業企画の上野さんは責任を問われている…。

使い方
バランスのよいQCDは、
生産管理力を上げていく

「Q（Quality：品質）」「C（Cost：価格）」「D（Delivery：納期）」は、仕事の品質を表す指標。

　品質は高いほどよく、価格は安いほどよく、納期は必ず守ること。この3要素が高まれば高まるほど、商品の価値や品質が向上します。しかし、品質を高めれば価格が上がるように、この3要素は互いに相反する側面もあるので、要素間のバランスをとることが非常に重要です。

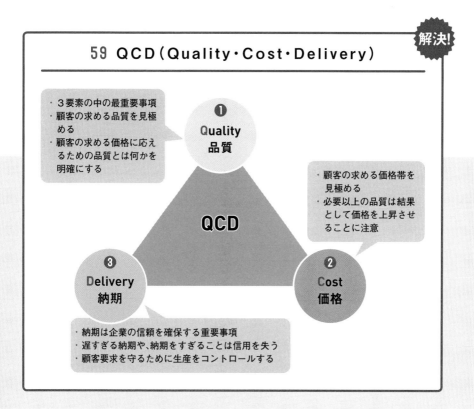

59 QCD（Quality・Cost・Delivery）

解決!

- 3要素の中の最重要事項
- 顧客の求める品質を見極める
- 顧客の求める価格に応えるための品質とは何かを明確にする

❶ Quality 品質

- 顧客の求める価格帯を見極める
- 必要以上の品質は結果として価格を上昇させることに注意

QCD

❸ Delivery 納期

❷ Cost 価格

- 納期は企業の信頼を確保する重要事項
- 遅すぎる納期や、納期をすぎることは信用を失う
- 顧客要求を守るために生産をコントロールする

「QCD」は、❶「品質」、❷「価格」、❸「納期」のことで、商品の価値を高める指標となります。

会社の生産性向上に効果的な指標となるQCDの3要素は、ひとつを優先するとひとつが犠牲になるという難しい関係。特定要素ではなく、プロセス全体の改善を図る視点が大切です。

オテゴロ屋は、原材料費の高騰により、値上げの必要性を迫られましたが、「安さ」を優先して、安価な素材に変更。その結果、オテゴロ屋の売りである「味」まで落ちることになり、顧客離れを起こしました。上野さんは、味を守ることが顧客のニーズに応えることと考え、**素材の質を下げず価格を維持する方法を模索。物流コストや人件費の削減など食材費以外のコストを下げる**ことで、以前と同じ味に戻し、値段もキープすることができました。

使い方のポイント 「QCD」を含むより広い概念として「S・QCD」と「P・QCD」がある。Sはスピード（Speed）で、Pは製品（Product）。Sはより早い納品、Pは顧客が求める品揃えのこと。

いい状態と悪い状態の違いの原因を突き止める

60 is/is not分析

（イズ イズ ノット）

朝は遅刻寸前、
髪はボサボサの
入社2年目新井さん

よくあるビジネスの 問題

入社2年目の新井さんは、なかなか仕事の効率が上がらず、上司に怒られることもしばしば。1年先輩の古田さんは、上司の信頼も厚い、「できる」ビジネスパーソン。新井さんも、古田さんのようになれるだろうか…。

仕事の効率が上がらず
上司に怒られることも
しばしば

使い方
**一方にあり、もう一方にないもの
を比較して違いの原因を探る**

かたや、
一年先輩の古田さん
上司の信頼も厚い
「できる」
ビジネスパーソン

「is/is not分析」とは、正常と異常のように、結果の異なる2つの比較から、違いがなぜ生じたのかを探って改善の手がかりを知る手法。

二人の違いは
何なのか？
早速、比較分析して
みましょう！

2人の相違点

例えば、売上好調時と低迷時のように「状態の異なる前後」を比較して変化の原因を知る場合と、ヒット商品Aと不人気商品Bのように「異なる2つ」を比較して具体的な違いを明らかにする場合に有効に適用できます。ポイントは、片方にあって、もう片方にないものを洗い出すことです。

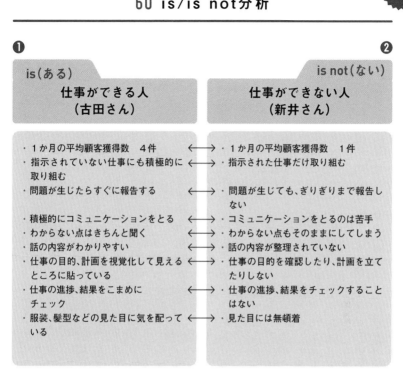

60 is/is not分析

解決!

❶

is（ある）
仕事ができる人
（古田さん）

- ・1か月の平均顧客獲得数　4件
- ・指示されていない仕事にも積極的に取り組む
- ・問題が生じたらすぐに報告する

- ・積極的にコミュニケーションをとる
- ・わからない点はきちんと聞く
- ・話の内容がわかりやすい
- ・仕事の目的、計画を視覚化して見えるところに貼っている
- ・仕事の進捗、結果をこまめにチェック
- ・服装、髪型などの見た目に気を配っている

❷

is not（ない）
仕事ができない人
（新井さん）

- ・1か月の平均顧客獲得数　1件
- ・指示された仕事だけ取り組む
- ・問題が生じても、ぎりぎりまで報告しない
- ・コミュニケーションをとるのは苦手
- ・わからない点もそのままにしてしまう
- ・話の内容が整理されていない
- ・仕事の目的を確認したり、計画を立てたりしない
- ・仕事の進捗、結果をチェックすることはない
- ・見た目には無頓着

「is/is not 分析」は多くの切り口から２つの差異を洗い出し、原因を推測。多くの差異を検討することで、隠れている真相をあぶり出す方法です。新井さんと古田さんの場合は、仕事ができる古田さんが❶「is」、仕事の効率が上がらない新井さんを❷「is not」として比較対照していきます。

　新井さんは、数多く列挙された古田さんとの相違点を見て、消極的で受け身の性格がビジネスのうえで大きなマイナス要素になっているようだ、と考えました。まずは、**仕事の具体的な計画を視覚化。パソコンの横に貼り、進捗をこまめにチェックする**ようにしました。また、**見た目に気を配るなど、すぐに真似できそうなところから変えていこう**と考えています。

使い方のポイント ｜ 可能な限り多くの切り口で、違いのみ列挙していくことがコツ。
隠れた些細な原因にもたどり着くことができる。

第 **7** 章

問題の検証・
報告・終結

論理的に相手を説得するためにはものごとを体系的に整理し、順序立てて話を進めるフレームワークが役に立ちます。ここに紹介するフレームワークは、レポートをまとめたり、日常会話の中など、ビジネス以外でも、広く使えるフレームワークです。

61 3つのプロセスでプレゼンを成功させる
プレゼンのプロセス「プレ・本番・アフター」 ▶ P202

62 聞き手がワクワクするストーリーを作る
起・承・転・結 ▶ P204

63 結論の先・後を変えて話の説得力を高める
結論が先・結論が後 ▶ P206

64 論理的に問題のヌケ・モレを防ぐ
三角ロジック ▶ P208

65 話の構造を論理的に組み立てる
Whyレス・主張レス・情報過多 ▶ P210

66 全体像から小さな視点で現状を把握する
マクロ・ミクロ ▶ P212

67 ＋と－の視点で正しい判断をする
＋要因・－要因 ▶ P214

68 先入観にとらわれず問題を適切に解決する
事実と判断 ▶ P216

69 非言語情報で伝える力を高める
バーバル＆ノンバーバル ▶ P218

70 組織改革を成功させる7つの要素
マッキンゼーの7S ▶ P220

ストーリーを作る

ストーリーに沿った話の展開は相手の納得や理解を深めます。ここで紹介するのは、ストーリーを作る際によく使われるフレームワークです。

61 | プレゼンのプロセス「プレ・本番・アフター」

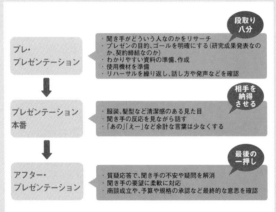

プレでは事前準備をしっかりし、本番へ。アフターでは最後の一押し。この段取りで受注を勝ち取る。

62 | 起・承・転・結

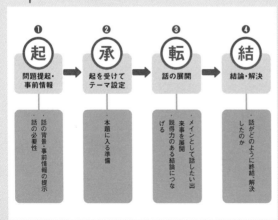

起（問題提起）、承（テーマ設定）、転（ストーリー展開）、結（結論）。論理的でわかりやすいストーリーの型。

説得力のある説明

わかりやすい話し方にはパターンがあります。フレームワークを活用すると、わかりやすいストーリーを簡単に組み立てることができます。

63 | 結論が先・結論が後

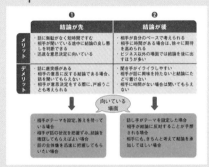

状況や相手の知識レベルによっては、起承転結の順よりも、結論から先に切り込んだほうが効果的な場合も。

64 | 三角ロジック

結論、根拠、データが矛盾なくつながっている状態。なぜ？だから？と質問を繰り返して矛盾をつぶしていく。

65 | Whyレス・主張レス・情報過多

結論、根拠を整理して無駄な情報は省き、わかりやすく伝えることで、説得力がある話し方になる。

視点を変えて見直す

正しい判断のためには、ものごとを多面的に考えることが必要です。簡単に視点を変えることができるフレームワークを紹介します。

66 | マクロ・ミクロ

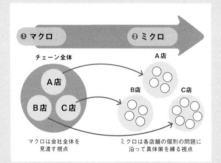

全体を見渡す視点（マクロ）と目先のことを見る視点（ミクロ）を柔軟に切り替えることで最適解に近づける。

67 | ＋要因・－要因

	❶ ＋要因（メリット）	❷ －要因（デメリット）
高齢者見守りサービス	・超高齢化社会の到来 ・高齢者対策に関する技術的進歩 ・事業の高機能、多機能化への期待	・技術が古くなる速度が速まっている ・人材確保が難しい ・競合が多く、顧客の奪い合いになる ・サービス内容が固定化

何事も、メリットとデメリットの双方を比較して客観的に判断することが大事。

68 | 事実と判断

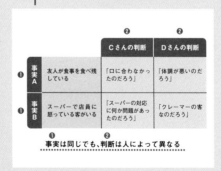

判断には思い込みがつきもの。ものごとを正しく見極めるために、判断と事実を区別することが重要。

伝える力を高める

ストーリーやロジックだけでは相手に自分の熱意が伝わらないことも。
印象に残り、感情に訴えるフレームワークを紹介します。

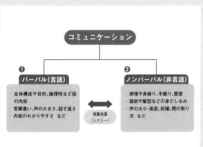

69 ｜ バーバル＆ノンバーバル

コミュニケーションにおける二つの方
法。バーバルは内容を伝えノンバーバル
は感情に訴える。

組織改革を促す

組織改革というと「難しい」という印象を持つかもしれませんが、フレー
ムワークを用いることで、問題点が整理でき、やるべきことが見えやす
くなります。

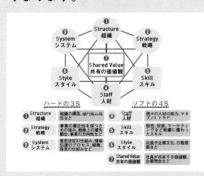

70 ｜ マッキンゼーの7S

企業戦略における7つの要素のこと。各
要素のバランスを考慮することが大事。
組織改革などの際に役立つ。

61

３つのプロセスでプレゼンを成功させる

プレゼンのプロセス
「プレ・本番・アフター」

よくあるビジネスの 問題

高野さんは取引先向けに、新発売のウイルス対策ソフトのプレゼンをすることになった。契約が取れるか不安なので、プレゼン上手な先輩に秘訣を教えてもらうことにした…。

使い方
「プレ・本番・アフター」が
プレゼンを成功に導く

　プレゼンは「段取り八分」といわれるほど事前準備が重要です。プレゼンの目的は契約締結などの成果につなげること。**プレ（準備）、本番、アフター（念の一押し）の３つのプロセスで、確実に成果につなげましょう。**

　プレでは、資料の作成だけでなく、プレゼンのリハーサルも行います。本番は身だしなみを整え、堂々とした立ち居振る舞いを意識しましょう。最後のアフターは、相手の反応待ちではなく、不安と疑問を解消し、相手から承認や許可、受注を引き出す押しの一手です。

61 プレゼンのプロセス「プレ・本番・アフター」

解決!

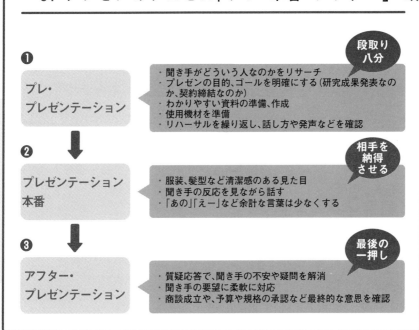

　プレゼンテーションは、❶「プレ」、❷「本番」、❸「アフター」の3つのプロセスを意識して、成功に導きましょう。

「用意は周到に。本番は大胆に」がプレゼンの肝。先輩から「プレ・本番・アフター」のプロセスが大切と助言を受けた高野さん。プレでは、顧客のニーズを探り、**最新のウイルス被害の実態や、想定被害額を明示してウイルス対策の重要性を説き、他社商品との差別化や導入後の効果予測について端的にわかる資料を作成**し、プレゼンのリハーサルも行いました。

　本番には勝負服で臨み、**聞き取りやすい声で、練習どおりにプレゼンを進行**。得意先は、プレゼンを受けて興味を持った様子です。**プレゼン後の質疑応答**も行いました。プレゼンは受注獲得が目的ですから、アフター・プレゼンテーションまで気を抜かずに進めましょう。

使い方のポイント｜プレゼンの主役はプレゼンターではなく、聞き手。
　　　　　　　　｜聞き手を意識して自分中心ではないプレゼンを心掛けよう。

62 起・承・転・結

食品メーカーで広報を担当する佐藤さん。来週、社会科見学の小学生に自社製品の説明をすることになった。わかりやすく、面白い話ができるよう準備中だ…。

使い方
論理的でわかりやすく話を伝える

「起・承・転・結」は、論理的でわかりやすいストーリーを作るためのフレームワーク。

「起」で問題提起、「承」でテーマを設定。「転」でストーリーを展開したら、「結」で結論を確認します。ただし、聞き手によって多少変化をつけることも必要です。子どもが聞き手の場合などは、話をダイナミックに展開するため、「転・転・結」と転を繰り返すと喜ばれます。

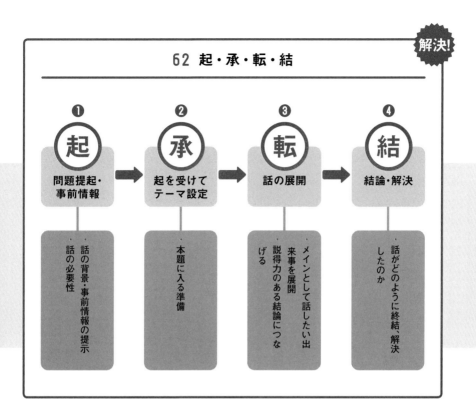

62 起・承・転・結

解決!

❶ **起** 問題提起・事前情報

❷ **承** 起を受けてテーマ設定

❸ **転** 話の展開

❹ **結** 結論・解決

・話の必要性
・話の背景・事前情報の提示

・本題に入る準備

・メインとして話したい出来事を展開
・説得力のある結論につなげる

・話がどのように終結、解決したのか

話をわかりやすく伝えるためのフレームワークが「起・承・転・結」です。

佐藤さんは、聞き手が小学生であることを考えて、話のわかりやすさと面白さを重視。起・承・転・転・結の構成で話を組み立てました。

「ウマイ麺は誕生から50年。今日は**特別にその誕生秘話を教えます（❶**「起」）。江戸時代の**マル秘そばレシピを発見した創業者は、それをラーメンに応用して開発**（❷「承」）。でもこれ、ウマイパンにしたほうが売れるとひらめき、**急きょパンに変更して発売**（❸「転」）。ところがお客さまから**パンよりラーメンにしたほうがおいしそうという意見が多数**寄せられました（❸「転」）。すぐに**ラーメンに変更して売り出したところ、子どもから大人気**に。これが今のウマイ麺につながったのです（**❹「結」**）」

使い方のポイント｜冒頭で相手の興味をひいて結論まで引っ張っていくストーリー展開が起・承・転・結の肝。

結論の先・後を変えて話の説得力を高める

63 結論が先・結論が後

起・承・転・結

起・承・転・結

起・承・転・結

フンフンフーン

先輩からもらったアドバイスだけど、いつもこれでいいのかなぁ？

むーん

もう時間ないんで失礼するよ

あっ、まだ結かっ！

ん？！ケツ？

しまった…結論が先のほうがいいのはどんな時なんだろう…

ムムム…

よくあるビジネスの 問題

新商品の売り込みで得意先を回ることになった山田さん。先輩から、「起・承・転・結の流れで話すとうまくいく」とアドバイスをされたが、常にその対応でよいのか、考えている…。

使い方
状況によって結論の位置を
変えることで効果がアップ

「起・承・転・結」は論理的でわかりやすいストーリーの王道。しかし、**時と場合によっては、「結論を先に言う」ほうが効果的なことも**あります。例えば、自分よりもはるかに知識も経験もある相手に対して、企画背景や企画主旨をいちいち説明すると、相手にじれったいと思われることも。

そのような場合は、「**おすすめしたい商品はこれです！**」と、先に結論を言ってしまいましょう。短時間で話の核心が伝わり、浮いた時間を質疑応答に回すことも可能。相手も意思決定がしやすい、というメリットも。

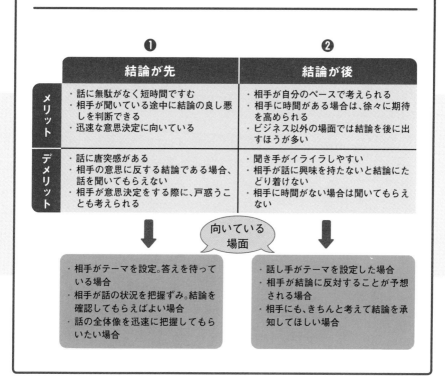

63 結論が先・結論が後

解決!

	❶ 結論が先	❷ 結論が後
メリット	・話に無駄がなく短時間ですむ ・相手が聞いている途中に結論の良し悪しを判断できる ・迅速な意思決定に向いている	・相手が自分のペースで考えられる ・相手に時間がある場合は、徐々に期待を高められる ・ビジネス以外の場面では結論を後に出すほうが多い
デメリット	・話に唐突感がある ・相手の意思に反する結論である場合、話を聞いてもらえない ・相手が意思決定をする際に、戸惑うことも考えられる	・聞き手がイライラしやすい ・相手が話に興味を持たないと結論にたどり着けない ・相手に時間がない場合は聞いてもらえない

向いている場面

・相手がテーマを設定。答えを待っている場合 ・相手が話の状況を把握ずみ。結論を確認してもらえばよい場合 ・話の全体像を迅速に把握してもらいたい場合	・話し手がテーマを設定した場合 ・相手が結論に反対することが予想される場合 ・相手にも、きちんと考えて結論を承知してほしい場合

　事前にある程度議論が進んでいて、メンバー間で情報が共有されている状況や、相手が経営者など、自分よりも状況をよく知っている人などの場合は、前置きなしに、ズバリ❶「結論が先」で切り込んだほうが効果的です。時間を節約でき、それだけ相手も早く意思決定ができます。

　一方、相手が話の状況を把握していない場合や、結論に対する反発が予想される場合などは、起承転結のフレームワークに則って、❷「結論が後」にするほうが効果的。相手や状況をみて、臨機応変な対応が大切です。

　山田さんは、**提案相手が古くからの取引先で、商品知識が十分あること、短気で、時間も限られていることを考慮し、結論から話すこと**にしました。

使い方のポイント | よく「ビジネスでは結論が先」といわれるのは、早く意思決定したいため。そのほうが自分も相手も時間の節約にもなる。

論理的に問題のヌケ・モレを防ぐ

64 三角ロジック

IT企業で人事を担当する中田さん。最近、働くママ、介護中、闘病しながらの通勤など、ワークスタイルの多様化にどう対応するべきか頭を悩ませている。そこで、テレワークの導入を経営陣に提案することにした…。

使い方
なぜ？ どうして？ で
問題解決の糸口をつかむ

　論理的で説得力のある話は、結論、論拠（理由）、データが矛盾なくつながっています。これが三角ロジックです。頂点に来る結論に対して「Why?（なぜ）」と問うと、底辺に来るデータと論拠がつながり、論拠やデータに対して「So What?（だから、どうしたの）」と問うと、結論につながります。話がわかりにくい、施策が的外れ、ということがないように、「Why?」「So What?」を問い続け、思考を深めることが重要です。

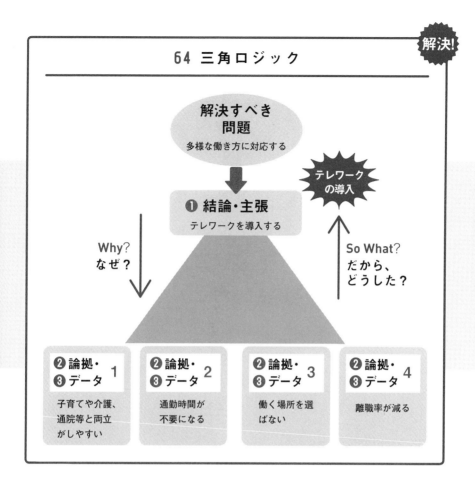

64 三角ロジック

解決すべき問題
多様な働き方に対応する

↓

❶ 結論・主張
テレワークを導入する

テレワークの導入

Why?
なぜ？

So What?
だから、
どうした？

❷ 論拠・❸ データ 1
子育てや介護、通院等と両立がしやすい

❷ 論拠・❸ データ 2
通勤時間が不要になる

❷ 論拠・❸ データ 3
働く場所を選ばない

❷ 論拠・❸ データ 4
離職率が減る

　解決すべき問題に対して「Why?」「So What?」の２つの質問を繰り返すと、思考が整理されて深まり、的確な問題解決に至ります。

　中田さんは、**「多様な働き方への対応」という課題に対して、❶「テレワーク導入という結論」を主張**しました。「Why?」に対する答えとして、**「子育て、介護、闘病などと両立しやすい」「通勤時間が不要」「働く場所を選ばない」「離職率が減る」などの❷「論拠」**と**❸「データ」**が挙げられます。逆に、これらに対し「So what?」と問うと「テレワーク」という働き方が矛盾なくつながります。

使い方のポイント　│　「Why？」「So What？」を繰り返し自問することで
　　　　　　　　　　　　論理的思考力、話の説得力が格段に増す。

65

話の構造を論理的に組み立てる

Whyレス・
主張レス・情報過多

（ホワイ）

綿密な下調べ

〇〇さんはあんみつに目がないのか

ちらっ

詳細なデータを盛り込んだ資料

どっこいショーコ！サチコ！

ドーン

熱意を込めて説明

エイドリアーン！

バルボァ？！

売上につながらない・・・

なのになーぜー

うぅ・・・

よくあるビジネスの 問題

営業マンの佐藤さんはとても仕事熱心。商談の際には、綿密な下調べをして、詳細なデータを盛り込んだ資料を持参。自社製品の長所を、熱意を込めて説明している。だが、売上にはなかなかつながらず、悩んでいる…。

使い方
論理を整理してわかりやすく伝わりやすい話にする

伝わらない理由は、「Whyレス・主張レス・情報過多」かもしれません。**Whyレスは結論の根拠が不足、主張レスは要点が不明確、情報過多は余分な情報が多すぎる**のです。

結論と根拠、情報をピラミッドのように組み立て、頂点にある結論を、底辺の根拠が適切な情報量とともに支え切れば、論理的で矛盾のないわかりやすい話になります。

65 Whyレス・主張レス・情報過多

結論・主張

❶
Whyレス
（「なぜ？」がない）

❷
主張レス
（「だから？」がない）

根拠1　根拠2　根拠3

❸
情報過多

	Whyレス（「なぜ？」がない）	主張レス（「だから？」がない）	情報過多（情報が多すぎる）
改善前	・根拠が不明確で説得力がない ・結論と根拠に矛盾が多くなる	・結論・主張が不明確 ・話の要点がわからない	・情報同士が矛盾しやすい ・話が冗長で複雑、聞きにくくなる
改善後	・根拠が明確で説得力がある ・話に矛盾がない	・主張が明確 ・話の要旨が明確	・話が簡潔 ・話がすっきりと聞きやすい

　人に何かを伝えるときは、自分の話が「❶Why レス・❷主張レス・❸情報過多」になっていないかチェックしましょう。

　佐藤さんは**言いたいこと（結論）は何か、その理由（根拠）は？**　と自分なりに整理して、**適切な情報量**で伝えます。たくさん調べたからといって**不用な情報まで盛り込んでは、焦点がぼやける**だけ。聞き手もうんざりしますし、「結局何が言いたいんだ？」と思われてしまいます。つい情報過多になってしまう場合は、**「ポイントは次の3つです」「理由は5つあります」**というように、キリのいい数字に絞って示すのもひとつの手です。

使い方のポイント　｜「理由は3つあります」と明確な数字を出すと聞きやすく、説得力もアップ！
　　　　　　　　　　　｜3つなら、相手にメモなしでも伝わりやすくなります。

66 マクロ・ミクロ

全体像から小さな視点で現状を把握する

よくあるビジネスの 問題

飲食チェーンのオテゴロ屋は最近業績が低迷。「利益を上げろ！」という社長の言葉に、1号店の山田店長はチラシを大量に配って、大々的な値引きキャンペーンを展開。売上は伸びたが、利益は下がってしまった…。

使い方
マクロからミクロで
効率的な流れを作る

マクロは全体像を見渡す視点。ミクロは自身の周辺を個別、具体的に見る視点。問題を考える際にマクロとミクロの2つの視点からとらえることは非常に有効です。

ビジネスでは、まず社会情勢やマーケット、会社全体をマクロの視点でとらえ、会社としての方向性や目標を明確化。次にミクロな視点で各部署の個々の事情に合わせて具体策を実行。時々、マクロの視点に立ち返って目標を見直すことが重要です。

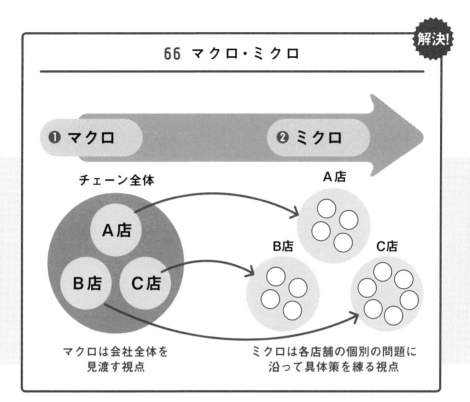

66　マクロ・ミクロ

解決！

❶ マクロ　　　❷ ミクロ

チェーン全体

A店

A店

B店　　　　　　C店

B店　C店

マクロは会社全体を
見渡す視点

ミクロは**各店舗の個別の問題に
沿って具体策を練る**視点

　正しい意思決定をするためには、❶「マクロ」の視点、❷「ミクロ」の視点
の両方が大事です。目先のこと（ミクロ）にこだわりすぎると、本来の目的
や全体像を見失いがちに。逆に全体像（マクロ）ばかりを見ていると、現場
の問題を見逃し、実現性の乏しい施策しか生まれてきません。

　山田さんは自分の店舗の売上向上にのみ注力し、ミクロの視点から利益向
上という全体像を見失ってしまったようです。チラシの制作費や値引きは、
売上向上にはつながりましたが、同時にコストもかさみ、利益低下を招きま
した。会社全体の利益の向上というマクロな視点に立つと、**各店舗と合同で
食材を大量一括購入して材料費を圧縮する、コーヒーやデザートにトッピン
グという付加価値をつけることで客単価を上げる**など、無駄なコストをかけ
ずに利益を上げる方法が見えてきます。

使い方のポイント　｜　経営戦略だけでなく、プレゼン資料や企画書などの書類も、
　　　　　　　　　　　　　マクロからミクロの視点で作成するとわかりやすい。

67

＋とーの視点で正しい判断をする

＋要因・ー要因

プラス　　　　マイナス

一人暮らしの高齢者の割合

昨今の社会問題解決と事業拡大のため、高齢者向け見守りサービスに参入致しましょう！

メリットはどんなこと？

はい！あれやこれや

デメリットも教えてくれる？

デ、デメリットは…

もう一度検討し直します…

すみません

ペコリ

…

よくあるビジネスの 問題

一人暮らしや認知症の高齢者の、事故や介護が社会問題となっている昨今。警備会社ミマモル社で新事業の企画を担当する守田さんは、事業拡大のため、新たに高齢者向けの見守りサービスに参入すべきかを検討中だ…。

使い方
メリットとデメリットから
客観的に判断する

　ものごとには必ず「＋要因」と「ー要因」があります。大切な意思決定をする際には、その双方を検討するとよいでしょう。

　例えば、新しい施策を考える場合、まず目的を明確化します。そして、その目的を達成し得る手段を複数考え、それぞれの「＋要因」と「ー要因」を洗い出します。双方を見比べ検証することで、客観的で正しい判断ができます。

67 ＋要因・－要因

	❶ ＋要因（メリット）	❷ －要因（デメリット）
高齢者見守りサービス	・超高齢化社会の到来 ・高齢者対策に関する技術的進歩 ・事業の高機能、多機能化への期待	・技術が古くなる速度が速まっている ・人材確保が難しい ・競合が多く、顧客の奪い合いになる ・サービス内容が固定化

　意思決定の際には、ものごとが併せ持つ「＋要因」と「－要因」の双方を客観的に比較したうえで判断することが成功のカギになります。守田さんは新事業の企画に対応するため高齢者の見守りサービスへの参入を検討中です。

　高齢者の見守りサービスの❶「＋要因」は、**超高齢化社会による市場の拡大、既存事業の警備技術を応用できる**ことなどがあります。一方の❷「－要因」は、**すでに同業他社が参入していること、新たなシステム開発が必要な**ことなどがあります。

　守田さんは、**それらの項目について調査し、具体的なデータをもとに比較したうえで最終的な判断をすることにし、会社へ提案する**ことにしました。

使い方のポイント　｜ 自社にとっての＋要因は
競合他社にとっても「＋要因」。
さらに－要因を競合他社と比較してみよう。

先入観にとらわれず問題を適切に解決する

68 事実と判断

専門商社で営業を担当する吉田さんは、営業成績を上げるには、マメに取引先に通うことが一番大事だと信じている。手帳を取引先とのアポイントでびっしり埋めているのだが、思ったほど営業成績は伸びていない…。

使い方
事実と判断を区別して
ものごとを正しく見極める

事実とは、客観的に誰も否定できない事柄のこと。判断とは、事実に先入観や経験則を加えたもの。外を見て雨が降っていれば「雨が降っている」は事実ですが、音だけで「雨がたくさん降っている」と考えるのは判断です。

事実と判断を混同すると、ステレオタイプ（紋切り型）の誤った判断が積み重なり、適切な問題解決に至らない恐れも。常にデータや状況から客観的な事実を見極め判断することが求められます。

68 事実と判断

		❷ Cさんの判断	❷ Dさんの判断
事実A ❶	友人が食事を食べ残している	「口に合わなかったのだろう」	「体調が悪いのだろう」
事実B ❶	スーパーで店員に怒っている客がいる	「スーパーの対応に何か問題があったのだろう」	「クレーマーの客なのだろう」

❶　　　❷
事実は同じでも、判断は人によって異なる

　懸命に仕事をしているにもかかわらず今ひとつ営業成績が上がらない吉田さん。自身の仕事に問題がないかどうかを検討するのに「事実と判断」という手法があります。解決すべき問題がある場合、自分の見ているものが❶「事実」なのか、❷「判断」なのかを常に意識することが重要です。

　吉田さんは、営業成績を伸ばすには商談数を増やすことが大事だと考えていますが、問題は回数ではなく、プレゼン内容、顧客の選択、そもそも商品自体にあったりします。つまり、営業成績不振の原因を商談数の不足、と考えることは事実ではなく判断です。誤った判断をもとに商談数だけ増やしても、結果は残せません。吉田さんの場合、まずは**商談件数、商談内容、成約率、顧客リストなどの事実を把握して、効果的な対策につなげましょう。**

使い方のポイント ┃ 事実はひとつでも、判断は十人十色。
データなどの客観的な情報に
基づいた正しい事実認識を心掛けよう。

完璧な資料！

よしっ！

完成！

これでプレゼンは大成功

カクカクシカジカ

しーーーん

のはずだった…

あれ？

資料は完璧なのに、

どうして伝わらないの〜？

ぐすっ

よくあるビジネスの 問題

村田さんは、論理的でわかりやすい資料を作ることが得意。しかし、その資料を使っているのに、プレゼンになると、なぜかまったく相手に伝わらない。資料は完璧なのに、どうして伝わらないのかと悩んでいる…。

使い方
言語と非言語の２つの方法で相手に情報を伝達する

コミュニケーションには「バーバル（言語）」と「ノンバーバル（非言語）」の２つの方法があります。手紙やメールが前者の代表例。一方、態度、ジェスチャー、表情などが後者の代表例です。心理学者メラビアン氏が提唱した「メラビアンの法則」によると、実は聞き手が得る情報の93％はノンバーバルからとされます。視覚や聴覚など聞き手の五感に訴えるノンバーバルはコミュニケーションにおいて非常に重要な要素なのです。

69 バーバル＆ノンバーバル

解決!

```
           コミュニケーション
          ┌──────────┴──────────┐
          ❶                     ❷
   バーバル（言語）          ノンバーバル（非言語）
```

❶ バーバル（言語）
・全体構成や目的、論理性など話
　の内容
・言葉遣い、声の大きさ、話す速さ
・内容のわかりやすさ　など

相乗効果
（シナジー）

❷ ノンバーバル（非言語）
・表情や身振り、手振り、態度
・服装や髪型などの身だしなみ
・声の大小・高低、抑揚、間の取り
　方　など

　いくらよい資料を用意しても、無表情の棒読みでは相手にうまく伝わりません。逆に、身振りと手振りも交えながら、表情豊かに話されると、内容にかかわらず強く印象に残ります。メラビアンの法則によるならば、❶「バーバルな要素」（資料の棒読み）よりも❷「ノンバーバルな要素」（表情や態度で相手の五感に訴える）を改善するほうが効果的といいます。

　村田さんは、資料をただ読むだけだった自分のプレゼンを猛反省。**豊かな表情やジェスチャーを意識してプレゼンの練習を繰り返しました。動画に撮って、強調したいことははっきりと言い、話す速度や、「えー」など余分な言葉を入れる癖も改善**。度胸もついて、見違えるように伝わりやすいプレゼンテーションができるようになりました。

使い方のポイント

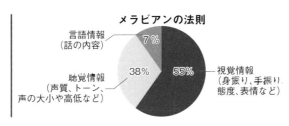

メラビアンの法則

言語情報
（話の内容）　7%

聴覚情報
（声質、トーン、
声の大小や高低など）　38%

55%

視覚情報
（身振り、手振り、
態度、表情など）

70 マッキンゼーの 7S

組織改革を成功させる7つの要素

なな エス

よくあるビジネスの 問題

オウルド社は小さな商店からスタートした老舗の専門商社。最近、若手の新社長を迎え、大改革を図っている。まず、階層型の組織をフラット化して意思決定をスピードアップ。ICTも導入して業務を効率化、新規取引先の開拓にも意欲的だ。昔からの社員はついていけない…。

使い方
7つのSで組織の現状を多面的に分析する

「マッキンゼーの7S」とは、企業戦略における7つの要素のこと。ハードの3Sとソフトの4Sがあります。ハードの3Sとは、Structure（組織）、Strategy（戦略）、System（システム）。一方、ソフトの4SはStaff（人材）、Skill（スキル）、Style（スタイル）、Shared Value（共有の価値観）です。7つのSの整合がとれ、相互に補い合い、高め合いながら戦略を実行できていることが理想です。

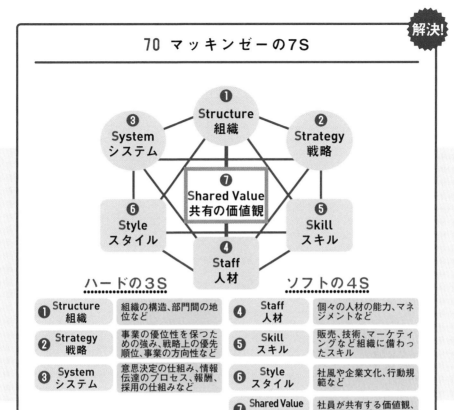

70 マッキンゼーの7S

ハードの3S

❶ Structure 組織	組織の構造、部門間の地位など	
❷ Strategy 戦略	事業の優位性を保つための強み、戦略上の優先順位、事業の方向性など	
❸ System システム	意思決定の仕組み、情報伝達のプロセス、報酬、採用の仕組みなど	

ソフトの4S

❹ Staff 人材	個々の人材の能力、マネジメントなど	
❺ Skill スキル	販売、技術、マーケティングなど組織に備わったスキル	
❻ Style スタイル	社風や企業文化、行動規範など	
❼ Shared Value 共有の価値観	社員が共有する価値観、企業理念など	

　組織変革の際には、「マッキンゼーの7S」の各要素のバランスを考慮することが大事です。オウルド社は、どうやら❷「組織の近代化（Strategy）」を求めている様子。❶「組織体制（Structure）」や❸「制度・システム（System）」を大胆に改革しました。これらはハードの3Sで、比較的変えるのは簡単です。

　問題はソフトの4S。急に組織を変えても、❹「社員（Staff）」はこれまでと同じですし、❼「価値観（Shared Value）」や❺「スキル（Skill）」、❻「働き方（Style）」は急には変わりません。新社長のはやる気持ちはわかりますが、**戦略の周知や、新体制に向けての研修を行うなどして、ソフトとハードの整合を取りながら改革を進めていく**必要があるでしょう。

使い方のポイント　│　7S分析は社内限定の分析手法。社内外について
　　　　　　　　　　　　│　把握するSWOT分析（P48参照）との併用も一案。

索引

あ行

アクションマトリックス ……………… 134

イノベーションの７つの機会 ………… 112

演繹法 ……………………………… 116

オプションアプローチ ……………… 108

か行

カスタマーイン ……………………… 136

価値工学（VE） …………………… 164

企画・計画・実施 …………………… 150

基準と実際のギャップ ………………… 54

起・承・転・結 ……………………… 204

帰納法 ……………………………… 114

グー・パー・チョキ理論 …………… 160

結論が先・結論が後 ………………… 206

さ行

左脳モード⇔右脳モード …………… 100

三角ロジック ……………………… 208

三現主義 ……………………………… 80

シェア（26％・40％・70％）の法則 …… 162

仕事の足し算・引き算 ……………… 184

事実と判断 ………………………… 216

重要性×緊急性 ……………………… 88

スクラップ＆ビルド ………………… 126

製品ライフサイクル ………………… 78

戦略の３S ………………………… 128

組織敗北の６つの状態 ……………… 180

孫子の小兵力戦法 …………………… 142

た行

ダラリの法則 ………………………… 72

撤退⇔新規サイクル ………………… 76

独立関係・従属関係 ………………… 64

ドメイン（自分の領域） …………… 74

な行

ナンバーワン戦略 …………………… 140

は行

ハード・ソフト ……………………… 60

バーバル＆ノンバーバル …………… 218

発散→収束の思考 …………………… 98

バランスド・スコア・カード ………… 58

パレートの法則 56

ヒト・モノ・カネ・情報 186

フォーマル・インフォーマル 176

ブルー・オーシャン 132

プレゼンのプロセス
「プレ・本番・アフター」 202

ペイオフマトリックス 86

ホウレンソウ 178

ポーターの7つの参入障壁 52

ポーターのバリューチェーン分析 158

ポーターの3つの基本戦略 130

ま行

マーケティングの4C 82

マーケティングの4P 188

マクロ・ミクロ 212

マッキンゼーの7S 220

みこし担ぎの法則 182

ら行

ランチェスター戦略 138

リバースシンキング 106

英・数

AIDMAモデル 190

Before/After 166

CVP分析 62

E・C・R・S 102

is/is not分析 194

MUST/WANT 124

PDCAサイクル 154

PEST分析 46

PMマトリックス 110

QCD（Quality・Cost・Delivery） 192

R-STP-MM 156

SWOT分析 48

Whyレス・主張レス・情報過多 210

Why分析 104

Win・Loseモデル 90

1日3分割法 168

3C・4C分析 84

5W2H 152

5フォース分析 50

+要因・ー要因 214

西村克己（にしむら かつみ）

日経ビジネススクール講師（日経セミナーでは全講師の中でトップ売上）、株式会社ナレッジクリエイト代表取締役。
岡山市生まれ、1982年東京工業大学「経営工学科」大学院修士課程修了。富士フイルム株式会社を経て、1990年に日本総合研究所に移り、主任研究員として民間企業の経営コンサルティング、講演会、社員研修を多数手がける。2003年より芝浦工業大学大学院「工学マネジメント研究科」教授。2008年より客員教授。専門分野は、経営戦略、戦略的思考、論理思考、図解思考、プロジェクトマネジメント。著書に『論理的な考え方が身につく本』（PHP研究所）、『仕事の速い人が使っている 問題解決フレームワーク44』『決断の速い人が使っている 戦略決定フレームワーク45』（学研プラス）、『論理的な考え方が面白いほど身につく本―筋道を立てて考える力が身につく「論理思考」のポイント35』（中経出版）ほか約130冊がある。

本文デザイン	二ノ宮匡（ニクスインク）
DTP	ニクスインク・中央制作社
マンガ・イラスト	小倉靖弘
執筆協力	石井栄子・相﨑リョウスケ・中村涼子
編集協力	山本大輔・山角優子・須藤和枝（ヴュー企画）
校正	聚珍社

仕事の「どうしよう？」が片づく！
問題解決　無敵のフレームワーク70

監修者	西村克己
発行者	池田士文
印刷所	日経印刷株式会社
製本所	日経印刷株式会社
発行所	株式会社池田書店
	〒162-0851　東京都新宿区弁天町43番地
	電話03-3267-6821（代）／振替00120-9-60072

落丁、乱丁はお取り替えいたします。

20000002